書き込み式
ユングの提案

主人公を間違えるな

買いたいを創る
-12 のアーキタイプ -

宮野 隆聖 著

カナリア
コミュニケーションズ

はじめに

あなたが商品やサービスを売るのは、何のためですか？

「お客様に価値を提供したい」「お客様の生活の質を向上させたい」など、様々な定義やビジョンが出てくると思いますが、それは要約すると、全ては「お客様のため」。つまり、お客様を主人公とし事業を行う、または行おうとしているはずです。

実際、売り手である多くの企業や起業家が「お客様ファースト」や「顧客第一主義」を掲げています。買い手である「お客様」を主人公にし、広告やプロモーション、商品展開などをしているはずが、どうしても成果につながらず、悩む売り手はとても多いです。マーケティングを取り入れ、製品開発にも力を入れ、さまざまな手法で「お客様が主人公」を忠実に実行しているのに、なぜそのようなことが起きるのでしょうか。

はじめまして。著者の宮野隆聖です。私はこれまで、様々な企業を相手に、マーケティングやコンサルティング、商品開発業務、ブランディングなどを手掛けてきました。私がこだわるのは、効果の高いゴールへ導く解決策を見出すこと。売れるモノを作り、売れる組織を作り、「自然に売れる」ことを創り出すサポートをしています。

冒頭の質問は唐突だったかもしれません。しかし、この「何のために売るのか」に、成果をつかむ大きなヒントがあります。「それはすでに考え尽くした」と思われるかもしれません。しかし、本書を手に取っていただいたのなら、今一度「何のために」を、じっくりと考えてください。

私は映画や小説が好きで、たくさんの作品に触れてきました。とくに映画が好きで、年間200本ほどの作品を観るのですが、つくづくビジネスとは映画に似ていると感じています。映画には、ハッピーエンドだけでなくバッドエンドもあります。しかし、ビジネスで必要なのはハッピーエンドだけ。でなければ、事業をやる意味がありません。ただし、何がハッピーエンドかは人により異なります。そのため、自社もしくは自分が望むハッピーエンドを明確に言語化する必要がありますが、多くの場合、そのプロセスは事業立ち上げの際に終えているでしょう。しかし、ここに落とし穴があることに、あなたは気づいているでしょうか。

私がこれまで感じてきたのは、「主人公はお客様」と言いながらも、真の意味でそれを意識できていない企業や起業家がとても多いということ。「お客様ファースト」を理念として掲げてはいるけれど、売上や認知度向上にばかり意識が向き、いつの間にか忘れ去り、忘れていることにすら気づきません。提供側としてすべきは、お客様の自己実現をサポートすること。お客様がつむぐストーリーに対して、提供側は時に助演し、時に演出家となりながら、監督として最大限サポートをしていかなければなりません。それができなければ、お客様の自己実現のサポートにはならず、満足もしていただけないのです。

望む成果をつかむには、「何のために売るのか」「主人公となるのは誰か」を正しく理解し、それを適切な言葉で言語化したのち、忘れることなく意識し続けなければなりません。でなければ、提供側（売り手）と買い手の間にズレが生じ、そのズレが大きな弱点となってしまうのです。

本書では、「お客様ファースト」とは何か、それを見失わない方法について紹介します。本書をお読みいただき、このストーリーに沿って行動すれば、目的や自分の在り方を間違えることなく、真の意味においての「主人公はお客様」を実現、売上を上げることができます。

本書に書いたことは、すべて私や私の会社で実践してきたことです。だからこそ、自信を持って、ノウハウや考え方をお届けします。ぜひ最後まで読み通し、活用できることはすべて取り入れていただけたら幸いです。

本書が、手に取ってくださった方のお役に立つことを心から願っています。

宮野隆聖

目次

はじめに 2

第1章 主人公の重要性

企業が間違っている主語 12
Apple社のV字回復 17
主役がお客様になったキャッチコピー 19
ビジネスターゲットとしての主人公とは 21
企業は監督、もしくは演出家として動く 23
企業とお客様の接点を作るタッチポイント 24
主人公が求める3つのゴール 30

第2章 キャラクター設定

ユングが提唱した12の性格 36
アーキタイプを分類する 39

アーキタイプの特徴と役割 43
これからブランドを作る時は 60
主人公のキャラクター設定 65
4つの柱からキャラクターを決める 67

第3章 ブランドストーリーの創出

テーマの設定 74
キャラクターとアクション 77
現代の『桃太郎』のストーリーとは？ 80
主人公のゴールとブランドのゴール 83
明確なゴールの設定と、顧客の感情的な満足 86

第4章 ストーリー構造の要素

お客様のベネフィットを設定 92

お客様の心を動かす4つの価値 96
ストーリーにおいて障害となる敵を設定 103

第5章　マーケティング戦略の展開

世界観の翻訳 118
言葉への展開 122
デザインへの翻訳 129
コーンマーケティングの概要と重要性 131
売上を上げるために必要な要素 136

第6章　マーケティング実践

マーケティングシーン 144
タッチポイントの整備 146
マーケティングシーケンス 152

タッチポイントのリレーションシップ　154
トリガーの重要性と設定　158

第7章　自社での戦略実行
戦略実行をステップごとに見る　164
戦略実行を失敗しないために　175

第7章記入用資料　180

おわりに　190

第1章　主人公の重要性

企業が間違っている主語

企業が打ち出している広告や商品説明、ブランドの説明文を見て、違和感を覚えることはありませんか？ 私は違和感を覚えるばかりです。なぜなら、どの企業も「弊社は～」という表現を多用し、主語が自社（自分）になっているものばかりだからです。「弊社は2025年に100億円を目指して……」このような文言もよく見かけますが、果たしてこれを真っ先に知りたいと望む消費者がどれくらいいるのでしょうか。

今から20年前の話です。私は友人の会社を手伝うことになりました。友人は、中古自動車の売買事業を手掛ける会社をしていましたが、行き詰っていたようです。現状を打開したかったのか、友人は私に「フランチャイズ事業をしたいから、会社を手伝ってほしい」と頼んできました。その時に初めて、友人が考案した社名やロゴデザイン、企業理念などを見せられたのですが、私からすると「これはあり得ない！」と感じるものばかりだったのです。友人は事業に対する思いがきちんとある人で、その思いの強さは伝わってきていましたし、私も理解していました。ですが、お客様に対しての思いは全く感じられません。加えて、商売感、売り込み感と言うのでしょうか。

それが出過ぎており、消費者を惹きつける要素がほとんどないと私は指摘しました。

中古車販売店は、定価の決まっていない中古車をユーザー買取りなどで安く仕入れ、店頭販売で高く売るのが理想。そうしなければ、利益にはなりません。社長は、そこはわかっていて常に意識しながら仕事をするため、気づかないうちに「お客様視点」を見失ってしまいます。消費者にとって、中古車販売の魅力は新車よりも格段に安く自動車を手に入れられることでしょう。お客様が期待するのは、同じ車種でも新車より安価で購入できること。また、運が良ければ安価で上級グレードを手に入れることもできるかもしれません。しかし、よっぽど自動車が好きで興味があるという人以外は、中古車はどれも同じに見えるのではないでしょうか。使い勝手や価格が、自分の希望に近ければ何だっていいという人も多いはずです。エンジンの中を見たところで、どのパーツが何の役割をしているのか分からないという人がほとんどで、事故車であるかどうかは気にするけれど、どこを見れば事故車だとわかるかについては知る人はあまりいません。

売上ばかりを意識してしまう社長は、お客様が何を見て自動車を選ぶのかさえ、わかっていません。そこがわからなければ、お客様が望むことや、何を求めているのかもつかめるはずがないのです。この時点で、主人公はお客様ではなくなっているのですが、それに気づくのは容易なことではないでしょう。

商品やサービスを提供する売り手（自社）は主人公ではないということを、まず意識しなければなりません。ビジネスターゲットとなるのは、お客様。企業側ではないのです。その点を真に理解できれば、あらゆる表現の主語が変わってくるでしょう。「弊社はこういうサービスをしている」「弊社はこのようなことを目指している」と理念で表明するのはかまいません。理念は、企業が目指すべきゴールを伝えるもの。商品やサービスを提供することでどのようなことを実現したいのか、どのような社会にしたいのかは、ステークホルダーが知るべき情報と言えるからです。

しかし、それ以外の場所で主語となるのは「お客様」であるべきです。例えば商品PRや取扱い説明書、営業提案、SNSなどは、主人公であるお客様が、その商品やサービスを利用することで何を手に入れることができるのか、何が変わるのか、どのような満足を得られるのかを明確に伝えなければなりません。

日本は戦後、性能や機能の高さを評価され、産業を発展させてきた背景があります。それが影響しているのか、広告などでも性能や機能を全面に出しPRする企業が圧倒的だと言えます。例えば自動車の広告だと、スペックを全面に出し、メーカー側がメインとなる表現をしています。しかしそうなると、主人公はお客様ではなく、作り手に入れ替わってしまい、主語のほとんどが「弊社は」「我々は」「この車は」のようになってしまうわけです。

エアコンなどの家電にも、同じことが言えます。例えば、「大出力」という言葉。これはエアコンやスピーカーなどでよく用いられていますが、これも自社が主語になっています。「大出力」というくらいだから、パワーがあるのだということはわかります。ですが、その「大出力」が自分にとって、どのようなメリットがあるのかわかる人はいないでしょう。「大出力というくらいだから、たぶんメリットがあるのだろう」くらいに捉え、イメージできないままで終わるお客様が多いはずです。お客様が主役であるなら、まずは「お客様がイメージしやすい」ことを意識し、文言を作るのではないでしょうか。例えば「どんな大きな部屋（店、事務所など）でも、すみずみまで涼しく快適になります。なぜならこの商品は大出力で……」のようにすれば、お客様はイメージしやすいはず。「大出力」という言葉が全面に出ることはないでしょう。

営業マンの商品説明でも、同じことが言えます。「主役はお客様」を真に理解していれば、口をついて出るのが「弊社では」や「私どもの商品は」などとなることはないはずです。これらのフレーズが真っ先に出ると、その時点で相手は話を聞く気が失せてしまうかもしれません。なぜなら、お客様が知りたいのは商品を使うことで得られるメリットや、何を解決してくれるのかということ。性能や機能の詳細は、その後で良いのです。

有形ビジネスを例に挙げて紹介してきましたが、これは無形ビジネスでも同様です。例えば、旅行。ツアー客に対して、担当者がホテルの概要や注意点などを説明した後に、参加者が個別に「私の部屋番号は?」と尋ねるというのはよくあることです。これは一見、参加者が良くないと思われがちですが、そうとも言い切れません。なぜなら、参加者が真っ先に知りたいのは部屋番号ということが多いからです。この場合だと、部屋番号について最初にきちんと伝えた後に各種の説明をしていれば、参加者はきちんと理解できたでしょう。

なぜ、このようなことが起こるのでしょうか。それは、自社の商品やサービスに意識が集中し過ぎてしまうからです。商品やサービスを開発するには、様々なことをクリアしなければなりません。性能や機能はレベルを上げるけれど、販売価格は安価に抑えたい。であるなら、使う部品やパーツの仕入れ価格をどれだけ抑えられるのか、マーケティングはどうするのか、デザインはどうすれば機能的になるかといった話がメインになるわけです。つまり、意識は常に商品やサービスの機能や性能に向けられ、そこにお客様は登場しません。だからお客様のことを忘れてしまい、スペックや性能から伝えてしまうのではないかと私は考えています。

Apple社のV字回復

世界中に熱心なファンを持つApple社は、知らない人はいないというくらいメジャーな企業であり、一大ブランドになっています。しかしこのApple社でさえ、商品がまったく売れない時期がありました。約30年前のことになりますが、当時のApple社は、Windowsとの競争に敗れ、急速にシェアを失っていたのです。業績は回復不能と言われ赤字決算が続いていましたが、熱心なファンにかろうじて支えられている状態でした。「Apple社の運転資金は、残り1ヶ月もたない」。そんな噂が出るほどの状況を救ったのは、創始者でありながらもApple社から離れていたスティーブ・ジョブズ氏です。

ジョブズ氏復帰後の1997年夏、彼は世界各国からマーケティング責任者を集め、「Think different. キャンペーン」の説明をしたわけですが、そのCMは一風変わったものでした。偉人が多数登場し、詩的なメッセージが流れた後に、わずか数秒のみApple社のロゴが出るという内容だったのです。そこには商品名も価格も、性能や機能の紹介もありません。多くの関係者は、これがApple社の利益回復につながるとは到底思えなかったようで、あちこちから疑問の声があがったとも言われています。

しかし、このキャンペーンは結果的に大きな成功をもたらしました。当時のApple社は、完全に方向性を見失っている状態。新聞広告では、商品の良さを長々と書いたものを出していました。商品はまったく売れません。社員たちも、自分の立ち位置が何かわからなくなっていました。そこでジョブズ氏は改めてブランディングを学び、もっとシンプルに企業や商品のイメージを前に出すことの重要性を知ったことで、「Think different.」にたどり着いたのです。

「Think different.」のCMを見た社員は、Apple社の理念である「世界を変える、1人ずつ(Changing the world, one person at a time.)」を思い出し、これをきっかけにApple社は劇的な回復を遂げたのです。

「Think different.」というキャッチコピーに込められたのは、「発想を変える」「ものの見方を変える」「固定概念を手放し、新たな発想でコンピューターを使う」ということ。CMに登場する偉人はいずれも、新しい発想で世界を変えようとした人たちでした。このキャンペーンは、消費者の心を掴むことになり、Apple社の売上は回復。このCM以降は、様々な新型製品が登場するとともに、Apple社の発信の仕方も大きく様変わりしたのです。

なぜApple社の売上は回復したのでしょうか。それはお客様の知りたいことだけに言及するのではなく、お客様がApple社の製品を持つことで人間の持つクリエイティビティを増幅させ、誰もがイノベーターになれるというメッセージを届けることができたからです。ジョブズ氏のメッセージは、お客様を製品と同化させることを意識しているわけですが、これこそが「主役はお客様」の代名詞と言えるでしょう。

主役がお客様になったキャッチコピー

しかし、これを体現できている企業はほとんどありません。広告や発信する情報に、「芯を突いた表現」を感じさせるものがないからです。私が唯一思いつく商品は、P&G（プロクター・アンド・ギャンブル）の『ファブリーズ』でしょうか。ファブリーズは、布製品専用の消臭剤です。対象となるものに吹きかければ、簡単に消臭することができます。商品によっては好みの香りをつけることもでき、定番化商品として必ず購入しているという人も多いでしょう。

以前のファブリーズは、広告において「においを消す」という表現を使っていました。この表現により、消費者は「衣服のにおいを、ある程度は消してくれるのだな」と認識している人が多かったと思います。しかしある時から、「ファブリーズで洗おう」という表現に変わったのです。CMでは、いきなりこの表現からはじまります。消臭剤ですから、実際に洗うことはできません。しかし新しい表現は、「洗ったくらいの効果がある」という風にイメージを変えたのです。

P&Gが「主役は自社」と考える企業だったら、このコピーが最初に来ることはなかったでしょう。「○○の成分が入っていて……」という文言がまず来て、それからようやく「洗うくらいの消臭力がある」と表現したはずです。同社は世界的企業であり、かなりの商品数を持っていますから、様々なパターンを検証し分析も行っているでしょう。だからこそ、このような戦略を仕掛けることができたのかもしれませんが、広告の力を借りずとも「主人公はお客様」の意識さえ持ち続けることができれば、何かしら大きく変えることができるはずです。

また、マーケティングにおいては「敵」も必要です。映画や小説では、必ず敵が登場し主人公を翻弄しますが、その要素があるからこそストーリーが面白くなり、伝えたいことを強調できるメリットがあります。とくに多くの人の心をつかむのは、最初は良い感じでスタートするストーリーが、途中に試練が訪れるパターンです。それを修行と捉えて主人公が乗り越え、やがて大きな花を咲かせるという王道とも言えるストーリー展開は、マーケティングにも十分活用することができます。

とは言え、まずはすべての本質であり、軸となる「主人公はお客様」を深く理解し、意識し続けることが大切です。次のセクションでは、その主人公の定義について、お伝えしていきます。

ビジネスターゲットとしての主人公とは

「お客様」とは、言うまでもなく商品やサービスを提供する相手であり、ビジネスターゲットになる人のことです。しかし、多くの企業や起業家にとって、お客様となる層は1つではありません。まず、そのことを知ってください。ほとんどの事業には、直接取引をする第一層の顧客と、間接的に影響をもたらす第二層の顧客という2つの層が存在します。第一層の顧客とはやりとりをしますが、第二層の顧客とやりとりをすることはほとんどないため、提供側は第二層の顧客の存在を忘れがちです。しかし、ある意味、裁量権を持つのはこの第二層の顧客だったりするのです。そのことを忘れてはいけません。

イメージしやすいように、例を挙げましょう。あなたの会社が美容室に卸す美容機器を作っていると仮定します。BtoB企業として、美容室に喜んでもらえる商品を提供することがメイン事業だとして、当然ながら営業に行くのは美容室であり、交渉は美容師もしくは経営者とすることになります。しかし、あなたの会社の製品を気に入ってもらわないといけないのは美容室ではなく、その美容室を利用するお客様であることを理解しなければなりません。美容室は、常に自店のお客様を意識し、商品選びをしています。どうすればお客様の髪をより綺麗にできるか、その美容機器はお客様にどのようなメリットを与えてくれるのかを考えているわけです。自社の商品はそれを満たせるということを、丁寧に伝えなければなりません。

加えて、それ以外にもたらされるメリットについても言及します。例えば、その機器を取り入れることで付加価値が増して提供メニューを増やせる、オプションとして提供できる、施術者の負担軽減につながるようなことを提案できれば、美容室はその商品に対して高い価値を感じるはずです。これを深く理解し、なおかつビジネスターゲットが第一層（直接）と第二層（間接）の2種類存在しているということを、常に意識して話をできるかどうかが大切です。

商品やサービスは、作り手と売り手に分かれることがほとんど。とくにBtoBには必ず第二層の顧客が存在しますから、開発や製作の段階から意識しなければなりません。しかし、1つの商品やサービスを販売段階まで作り上げるのは、とてつもない労力と時間、コストがかかります。寝る間を惜しんで、それらの作業をするということも起こるでしょう。だからでしょうか、スタート段階では確かにあったビジョンや、「主役はお客様」の概念をどこかに忘れてしまうのです。おそらくそれは、自社の商品にフォーカスし過ぎてしまうことが原因でしょう。

企業は監督、もしくは演出家として動く

私は映画が好きだと話しましたが、映画監督が主人公という映画を観たことがありません。監督は主人公を作品内でどう魅せるかにフォーカスし続けます。それが自分の役割であり、監督だからこそ担える立ち位置であることを自覚しているからできるわけですが、それは企業も同じでしょう。商品やサービスを提供するのは何のためか。それを明確に自覚していれば、商品やサービスの開発にフォーカスし過ぎるということは起こらないはずです。

例えば、ワイルドなヒーローを描く作品を撮影しているとします。ワイルドさを象徴するようなバイクを見つけたので、作品中で使うことにしました。ですが、このバイクはあくまでも脇役。主人公を盛り立てるための演出に過ぎません。しかし、何かしらの事情でそのバイクが手配できなくなったとします。そのバイクは、道具を管理するスタッフが必死になって見つけたものでし

た。当然そのスタッフは、そのバイクがないと撮影できないと考えるでしょう。この時点で、このスタッフにとっての主人公はバイクになっているのです。でなければ、撮影できないとは考えません。

監督は、「撮影ができない」とは考えません。そもそも映画の主人公となるのはバイクではありませんから、代替品を用意して撮影ができることをわかっています。本来、企業が担うのはこの役割です。企業は監督、もしくは演出家でいないと、主人公が誰だか忘れてしまうのです。

企業とお客様の接点を作るタッチポイント

「主人公はお客様」を深く理解し、根づかせるには、キャラクター設定をしなければなりません。キャラクター設定とはゴールを決めることですが、これは2章で詳しく説明するとして、その前に知っておいていただきたいのが「タッチポイント」です。

タッチポイントとは、「企業とお客様の接点」という意味で、マーケティング用語の1つです。物理的な接触だけでなく、広告を見て商品やサービスを知った時や、SNSで商品に関する情報を見た時などもタッチポイントに該当します。タッチポイントには様々なものがありますが、商品を知ってから購入に至るまでにある具体的な例を紹介します。

《購入前》
・広告（CM、パンフレット、Web広告など）
・インターネット（ホームページ、口コミサイト、ブログ、メディア記事など）
・SNS（Instagram、X、YouTube、TikTok、Facebook、LINEなど）
・営業スタッフ
・イベントや催事

《購入時》
・店舗
・ECサイトや通販サイト
・商品パッケージや包装
・販売スタッフ
・営業スタッフ

《購入後》
・カスタマーサービス
・イベントやユーザーのコミュニティ
・アフターフォロー
・メンテナンススタッフ

事業内容によっては、上記以外のポイントも存在しますが、要はお客様が自社商品やサービスに触れる、目にするところはすべてタッチポイントになると考えてください。マーケティングにおいて、タッチポイントは非常に重視されます。どれだけ良い商品やサービスだったとしても、知ってもらわなければ、お客様に届けることはできません。つまり認知度を高めなければ、売上にはならないということです。とくに《購入前》や《購入時》のタッチポイントは重要な役割を担うことになりますが、残念ながらその大事なポイントで「主人公はお客様」とは思えないズレが生じていることが多々あります。

ズレていると感じることで目につくのは、自社のホームページや販売サイト、パンフレットでしょう。「弊社の商品は～」「弊社は～」のように始まるWebサイトやパンフレットは実に多いです。

また、営業マンや販売スタッフの認識にズレが生じているというケースも見受けられます。これはそのスタッフが悪いのではなく、そもそも全社周知されていないというケースがほとんどのため、そうなると体制や構造の見直しをしなければなりません。この商品やサービスはどのようなものであるか、何のために作っているのか、何のために商品やサービスを売るのかについては、可視化し打ち出しておかなければなりません。また、店舗や販売サイトのズレも目につきます。自社サイトやブランドサイトは世界観を統一しているのに、実際に店舗へ行くと、インテリアにそぐわないチラシを壁に貼っている、備品が安っぽい、販売サイトの構成が庶民的など、目に余るズレを感じさせるところもあります。

そういった隙を感じさせない店舗やブランドももちろんあり、代表的なものが世界的ハイブランドです。パンフレットやWebサイトはもちろん、店舗スタッフや販促品などのすべてにおいて、ブランドの持つ世界観が忠実に表現されています。このようなブランドでは、ブランドの世界観を維持するための徹底した取り組みがされているのですが、それを管理するのが、ブランドマネージャーやCBO（チーフブランディングオフィサー：最高ブランディング責任者）です。CBOは、企業とブランド両方の価値向上という責務を担い、ブランド戦略を考えて実行しています。商品づくりから集客、販促、広告（広報）、販売、採用といったあらゆる場面において、CBOが徹底してズレを起こさせないよう管理できるからこそ、統一された世界観を細部に渡り演出することができるということです。
しかし、CBOもしくはブランドマネージャーを置く日本企業はほとんどありません。経営企画や営業推進などで兼務として担う企業もありますが、その動きや影響力は弱いのが実情です。しかしSNSが発達し、世界観を重視する傾向が強くなっている今だからこそ、CBOのような役割を設ける必要があります。ズレを指摘し、変更する権限を持つポストを設け、企業全体で徹底管理するのです。それをせずして世界観を統一し、維持し続けるのは難しいでしょう。微細な変化により、容易に世界観はズレてしまうからです。

中小企業はリソースを割けないところが多いため、CBOの設置は現実的でないところが多いでしょう。ならば、社長がCBOを担わなければなりません。商品企画や開発から販売、アフターサービスまでのあらゆるシーンをチェックし、少しでもブランディングとのズレがあれば、指摘し修正をしていく必要があります。個人の起業家であれば、自分がCBOとして自身の商品やサービスを徹底チェックし、修正をかけることになります。そこまでやる必要があるのかと思われたかもしれませんが、微細なズレさえもないくらいシビアに世界観を作らなければ、生き残ってはいけないでしょう。

先述したApple社は多くのファンを持ちますが、中には信者と言っても違和感を覚えないほどの熱心なファンもいて、新製品が発売されたら即予約をするという人も少なくありません。なぜApple社は、これほどに人の心をつかむことができるかというと、それは徹底してブランドの世界観を統一し、維持し続けているからです。製品が素晴らしいというのもあるかもしれませんが、ジョブズ氏が存命していたころから変わることない世界観こそが、多くの人を惹きつけているのでしょう。実はこの状態こそが、ブランドにおける最高の状態と言えます。Apple社の製品を持つユーザーは、深い満足を得るとともに、Apple社の製品を持つ自分自身に納得することができている。これこそが本当の意味での共有なのではないでしょうか。

商品やサービス、ブランドの世界観を守ることは、売上に大きく影響します。逆を言えば、ズレが生じることは、商品やサービスからお客様を引き離す要因になり得るのです。だからこそ、提供側となる企業は、「主人公はお客様」を徹底して意識し、事業を進めていかなければならないのです。

タッチポイントの重要性は高く、マーケティング的に別の側面からも取り組む必要がありますが、それについては別の章で詳しく取り上げます。

主人公が求める3つのゴール

企業は、自社の提供する商品やサービスを通して、顧客や社会の求めるニーズを満たし、価値を感じてもらわなければなりません。言い換えれば、主人公であるお客様は、商品やサービスに対してゴールを求めるわけですが、実はそのゴールは3つの種類があるとされています。

ここからはそれぞれのゴールについて、説明していきます。主人公であるお客様の求めるゴールは常にハッピーエンドである必要があります。1つ注意したいのは、お客様自身も自覚していないゴールがあるということ。感覚として「ピンと来る」「何となく気になる」などと言語化できていないだけで、いずれかのゴールに該当すると考えていいでしょう。3つのゴールについて、「水」を商品の例にして紹介します。

①　主人公が求める表面的ゴール（機能）

例えば主人公は水を飲みたいと考え、コンビニエンスストアで購入したとします。購入理由は、「水を飲みたい」「喉の渇きをいやす」「喉を潤す」などになりますが、これは主人公が求める表面的ゴールにあたります。表面的ゴールは、機能的ゴールとも言われます。その商品やサービスが持つ機能面が、主人公の求めるゴールを満たすことができます。

② 主人公が求める内面的ゴール（情緒）

主人公は水を飲みたくて購入しましたが、飲むのであれば体に良い水を飲みたいと考え、水を選んだとします。健康情報が好き、あるいは日頃から健康を気にかけている人は、お茶やコーヒーよりも水を好むかもしれません。コンビニエンスストアには、炭酸水や甘いジュースも売っています。しかし「健康になりたい」という内面的なゴールを求める主人公は、数ある商品の中から水を選ぶというわけです。

内面的ゴールは、情緒的ゴールとも言い換えられます。機能面だけでは満足を得られない情緒的なゴールを満たすものであり、場合によっては主人公であるお客様自身の自覚がないということもあります。そのため、お客様の行動に無意識的に影響を与える要因になっているということを理解しておかなければなりません。

例を挙げて、もう少し説明しましょう。例えば、健康になりたいと考えてジムの見学に来たお客様がいるとします。そのジムでは、「運動するとダイエットにつながり、綺麗になれます。ジムに通えば、体重は確実に落ちますよ」と説明したとします。しかし、このお客様はジムに入会しませんでした。なぜなら、お客様が求める内面的ゴールは「運動して健康になること」だったからです。もし「運動したら、今よりも健康になりますよ」と説明していれば、入会に至ったかもしれません。

つまり、お客様が何を目的にしているのか、それを会話などからきちんと知ることができれば、その人に響く言葉を用いることができます。逆を言えば、いくら性能やサービスの内容が良くても、お客様の内面的ゴールを満たせないのであれば、その人に選ばれる可能性は低くなるということです。

③　主人公が求める哲学的ゴール（心理）

今は、いくつものメーカーが飲料水を販売しています。値段もそう変わりません。どれにしようかと各社のペットボトルを見たところ、そのうちの一社はCO_2削減につながる100%リサイクルペットボトルを使用していることがわかりました。また、ペットボトルはワンアクションで容易にたたむことができ、廃棄も簡単です。回収された容器はすべて資源として循環利用され、新しいペットボトルとして利用されていることもわかりました。現代において、環境問題は誰もが取り組まなければならないもの。SDGsの浸透により、環境を良くする取り組みの支援を望む人は多いです。環境負荷の軽減になる商品を選ぶことがゴールになるケースは昨今増えていますので、その点も意識しておきたいところでしょう。

今ある商品やサービスは、様々な工夫がされ、安価で品質が高いものがほとんどです。マニアでない限り、その微細な差は気にならないでしょうし、どれを買ってもそう変わらないと思う人も多いでしょう。品質や機能、性能がそう変わらず、価格帯も同等程度であるなら、哲学的ゴールを持つ商品を選ぶという傾向は今後ますます強くなるかもしれません。

主人公のゴールには様々な種類がありますが、紹介した3つのゴールを設定することで、お客様が何を求めているのかを明確にすることができます。主人公の定義をするには、そのゴールの設定が必要不可欠ですが、それは第2章で詳しくお伝えします。

第2章　キャラクター設定

ビジネスをする上で、主人公にしなければならないのはお客様であること、ほとんどの企業や起業家がその設定を間違えていることを、第1章でお伝えしました。また、主人公はお客様であることを全社周知しないことで起こりうるリスク、第一層の顧客と第二層の顧客がいることも、知っていただいたと思います。商品やサービス、ブランドを向上させたければ、主人公のキャラクター設定をしなければなりません。それをせずに成果をつかむことは不可能と言ってもいいでしょう。そのため、第2章では主人公のキャラクター設定をどのように考えるかを中心にお伝えしますが、その核となるのが「アーキタイプ」です。

ユングが提唱した12の性格

アーキタイプとは、スイス出身の精神病学者であるCarl Gustav Jung（カール＝グスタフ＝ユング）によって想起された概念です。ユングは、「無意識」を重視する精神分析学派の一員で、集合的無意識および元型の存在を主張し続け、精神分析の発展に貢献、のちに独自の心理学を確立しています。アーキタイプとは、「元型」の意味で、人格における象徴的なパターンのことを指します。

例えば「賢者」と聞いて、あなたはどのようなイメージを思い浮かべるでしょうか。もちろん、人によってイメージは異なると思いますが、基本的には「人生経験が豊か」、「人生を熟知している」、「豊かな知恵を持っている」といったイメージを持つのではないかと思います。また、外見は子供であっても精神的にはある程度の年輪を重ねた人というイメージもあるでしょう。おそらくですが、多くの人が賢者に対して抱くイメージには共通項があるはずで、これをユングは「元型」と表現したのです。

人の思考や言動には、意識的、あるいは無意識的なパターンがあるとされています。それが個性になるわけですが、ユングは神話や象徴などを研究し、人の元型は12の性格に分類することができると定義づけました。これが良しとされるのは、潜在意識に近いところの感覚についても、ユングらしく表現しているからです。

アーキタイプを活用するのは、お客様に共感を持っていただくことが目的です。共感や共鳴があれば、お客様の商品やサービスに対する愛着は増しますが、それが持てない場合は、他の店で選べばいいということになります。例えばパソコンを選ぶ際に、機能面やビジネスでよく使われているからという理由ならWindowsがいいけれど、デザイン性や操作性、何よりブランドの方向性が好きという理由で、Apple社のMacを選ぶ人は多いでしょう。あるいは、CMで見た「Think different.」に深く共感したから、Macを選んだという人もいるかもしれません。このような買い方をする人は、そのブランドに愛着を持つファンが多いと言えます。ブランドやシンボルが持つ意味に深く共感し購入を決めるため、長く使い続けてくれる可能性があるわけですが、このようなケースを「アーキタイプが一致している」と考えます。機能や見た目のデザインなどは、模倣することが容易なため、他の企業でもすぐに真似をすることができます。アーキタイプを明確にし、しっかりとイメージすることができれば、よりお客様に響くものができ、他社に真似されることも少なくなるでしょう。また、アーキタイプをブランディングに活用できれば、お客様の潜在的なアーキタイプを呼び起こし、同調させることもできます。

ハーバード大学のジェラルド・ザルトマン教授によると、私たちが商品やサービスを購入する意思決定の95%は、潜在意識下で行われているそうです。これは、感情的なレベルでユーザーとつながる強い個性を持つブランドが、競合他社よりも大きなアドバンテージを持っていることを意味します。

また、ブランディングとマーケティングの専門家がアーキタイプを活用するずっと以前から、ストーリーテラーと映画製作者は、アーキタイプを活用しながらいくつもの作品を生み出してきました。例えば、ジョージルーカス監督が「スターウォーズ」を作る時に、アーキタイプを元にストーリーを組み立てたことは有名です。多くの物語は、アーキタイプを使ってきたことで世界中の人から愛され、現在も語り継がれているわけですが、それは深い共感を得ることができるからです。

アーキタイプは12に分かれますが、そのどれもが個人の中に混じり合って存在していると言われます。もちろん、個人によって割合には差がありますが、例えば誠実な人でもワイルドな一面を持つように、潜在的には12すべての要素を持ち合わせながら生きているというわけです。

アーキタイプを分類する

アーキタイプは、次のように分類します。

①　主となるもの
②　それを補助するもの
③　潜在的にあるもの

④　潜在的にあり、③よりも弱いもの

表層では、主となるアーキタイプ①に同調しますが、「本当はこうしたい」のような潜在的欲求は、②③④のアーキタイプに刺激を受け、それが共感につながります。

例えば、ハーレーダビッドソン。世界的人気を誇るアメリカのオートバイメーカーですが、このブランドは「広大な世界に触れ、魂の自由を感じられるバイクを作り続ける」というのがコンセプトです。公式ホームページにアクセスすると、「ハーレーダビッドソンに乗ることから冒険は始まる」や、「壮大な冒険が待ち受けている休日」などの文言が並ぶため、「ワイルド」や「アウトロー」「挑戦」などをアーキタイプ①に持つ人はもちろん、②〜④のアーキタイプを持つ人にも大きく響いているからこそ、現代においても多数の支持を集めることができているのでしょう。このブランドのファンは、ハーレーダビッドソンの商品を持つことで、自分もワイルドになれたように感じるはずです。そのように人を刺激し、引っ張るのがアーキタイプの本質です。

しかし、これを真に理解している企業や人は多くありません。多くの場合、表層だけのアーキタイプを合わせに行きがちですが、それをしてもアーキタイプを活用していることにはならないのです。

アーキタイプとは、内なるものを刺激することが目的のものですが、これだとイメージしにくいかもしれないので、物語に例えて説明しましょう。ある国の塔に閉じ込められたお姫様がいたとします。王道のストーリー展開だと、お姫様を助けるヒーローが登場するはずです。そのヒーローはお姫様に恋い焦がれていたり、逆境にいて苦しんでいたりしますが、お姫様を救い出す経験を経て、大きく成長することになるのが大方の予想であり、この物語に期待するところでしょう。しかし、お姫様を助けたのが上官から命令された兵士だったとしたら、どうでしょうか。仕事としてやったので、お姫様に個人的感情はなく、任務を終えたら上官に報告するために去っていくという展開なら、少なくとも夢見る物語とは言えないと思いませんか？この物語に共感してもらうには、相応のドラマティックな展開が必要であり、さらに言えば、各キャラクターの設定が非常に重要になります。つまり必要要素が集結してこそ物語になるわけですが、その潜在的欲求を刺激するのが、アーキタイプだからこそできる役割なのです。

アーキタイプを決めたら、可能な限りそこから外れないことが重要です。広告戦略の変更により、次は違うテイストで仕掛けようと提案されることがあるかもしれません。そもそものアーキタイプは「The Rebel（Outlaw）反逆者」なのに、目先を変えるために今回は可愛さを出そうとピンクを使ったり、優しい感じのCMにしたりしても逆効果になることがほとんど。なぜなら、そのブランドに惹かれるお客様は、そもそものアーキタイプである「The Rebel（Outlaw）反逆者」に深く共感しているからです。なのに、それがなくなってしまったら、ファン離れが起きるのも不思議ではありません。何かしら変化を起こしたい場合は、「The Rebel（Outlaw）反逆者」の路線を守りつつも、違う方向性からワイルドさを表現することが適切な方法と言えます。また、ギャップを狙う必要もありません。なぜなら、お客様はギャップになど興味がないからです。

実存するCMを挙げ、もう少し説明しましょう。「ファイト、一発！」というフレーズでおなじみのCMと言えば、大正製薬のリポビタンDです。1962年に発売され、一気に人気商品の仲間入りを果たしました。60年以上経った今も、人気商品であることに変わりはありません。この商品のCMは、一貫して「力強さ」「ワイルドさ」を表現しています。しかしCMの舞台となる場所は作品ごとに変化し、山の時もあれば、川や海の時もあります。これはアーキタイプの正しい活用事例で、なぜなら舞台が変わろうとも、「力強さ」「ワイルドさ」をメインとして表現しており、まさしく違う方向性からメインとなるアーキタイプを表現している模範例と言えるからです。

自社のアーキタイプを定めることは、自社ブランドを守ることにつながります。ブランドとは、独自の世界観や哲学と言った複数の要素が組み合わさり構築されるもの。お客様にとってはある意味１人の人格であり、お客様への価値提供を約束するものと言えます。そこを間違えてしまうと、お客様との約束を反故することにつながります。それを避けるためにもアーキタイプを知り、それをもとにブランドのアーキタイプを決め、それをどう表現するかを考えながら守り続けていきましょう。

アーキタイプの特徴と役割

ここからは12のアーキタイプについて、特徴と役割を紹介します。アーキタイプをビジネスに活用する場合、ポジティブなイメージで表現することが前提です。企業が狙うべきは、ハッピーエンド。それを意識し、読み進めてください。

12のアーキタイプから自社のタイプを導き出すには、スコアをつけることがおすすめです。資料として掲載しますので、ぜひ活用してください。自分だけでやってもいいですし、社員に協力してもらって導き出すのも楽しいでしょう。またスコアにすることで、社員によりイメージが伝わり、統一しやすいかもしれません。

12のアーキタイプと、人々の生活におけるその主な役割

The Innocent ピュアリスト 信じる心を保つ	The Hero 英雄 勇敢に行動する	The Everyman ふつうの男または女 ありのままでいい	The Caregiver 援助者 他人の世話をする
The Explorer 探索者 自立を保つ	The Rebel (Outlaw) 反逆者 ルールを破る	The Lover 恋する者 愛を見つけ、与える	The Creator 創造者 新しいものを創り出す
The Sage 賢者 世界を理解する	The Magician 魔術師 生まれ変わりを促す	The Jester 道化師 楽しむ	The Ruler 支配者 統制力を発揮する

人間の4つの基本的な欲求を満たすアーキタイプ

世界を理解する	自立／自己表現	支配／リスク	帰属／楽しみ	安定／制御
アーキタイプ	ピュアリスト 探索者 賢者	英雄 反逆者 魔術師	ふつうの男または女 恋する者 道化師	援助者 創造者 支配者
顧客が 恐れるもの	金銭的破綻 病制御不能な混沌	追放、孤独 放棄、圧倒	徒労、無力 無能	とらわれの身 裏切り、虚無感
役割	安心感を抱く	愛情や コミュニティを 手に入れる	目標を達成する	幸せを見つける

アーキタイプ		適正スコア									
自立／自己表現											
ピュアリスト	The Innocent	1	2	3	4	5	6	7	8	9	10
探索者	The Explorer	1	2	3	4	5	6	7	8	9	10
賢　者	The Sage	1	2	3	4	5	6	7	8	9	10
支配／リスク											
英　雄	The Hero	1	2	3	4	5	6	7	8	9	10
反逆者	The Rebel (Outlaw)	1	2	3	4	5	6	7	8	9	10
魔術師	The Magician	1	2	3	4	5	6	7	8	9	10
帰属／楽しみ											
ふつうの男または女	The Everyman	1	2	3	4	5	6	7	8	9	10
恋する者	The Lover	1	2	3	4	5	6	7	8	9	10
道化師	The Jester	1	2	3	4	5	6	7	8	9	10
自立／自己表現											
援助者	The Caregiver	1	2	3	4	5	6	7	8	9	10
創造者	The Creator	1	2	3	4	5	6	7	8	9	10
支配者	The Ruler	1	2	3	4	5	6	7	8	9	10

ピュアリスト The Innocent

【 アーキタイプ 】

純潔、善良さ、単純さへの欲求。人生そんなに難しく考える必要はないと考える。

ピュアリストのアーキタイプは、純真、素朴で楽観的とされています。ピュアリストが切望するのは自身の安全であるが、同時に全ての人の安全と幸福も望んでいます。

価値観	シンプル、純潔、善良さ、調和
目標	幸福感を得る
恐れるもの	見捨てられること、不正、懲罰
戦略	正しいことをする
特別な才能	忠誠心、楽観主義

【 ブランディング 】

ピュアリストは、安心安全を訴求するスキンケア商品やアレルギーフリーの食品やベビー用などのブランド表現に多く用いられます。

【 具体的な例 】

メーカー、ブランド	マクドナルド、Dove、花王、DHC、資生堂、ワコール、保育関連事業、コカ・コーラ、ニベア
著名人・賢者	ドリス・デイ、トム・ハンクス、メグ・ライアン
文学・映画・テレビ	フォレスト・ガンプ／一期一会、アメリカン・ビューティー

探索者 The Explorer

【アーキタイプ】

外の世界において、自身の内なる嗜好、希望に合うものを見つける為に旅にでる。

探索者のアーキタイプは、常に次なる冒険を念頭に置いて、より良い人生や生き方を追い求め、また現状に甘んじることなく自らを厳しい環境に挑み、それを克服することで新しい世界を開拓します。

価値観	探究、冒険、個人主義、自由、より良い世界を求めて自ら旅にでる
目標	自分らしくより良い人生を送る
恐れるもの	同調、拘束
戦略	新しい世界を開拓、冒険、目的よりプロセスを重視する
特別な才能	自律性、完全主義、個性や独自性の表現

【ブランディング】

探索者は、冒険と勇気の象徴で、困難に立ち向かい新しい世界を開拓する精神を感じさせるものです。

【具体的な例】

メーカー、ブランド	ソニー、ザ・ノース・フェイス、パタゴニア、リーバイス、ジープ、ランドローバー、フォード、スターバックス、トミー・ヒルフィガー、バージニア・スリム、ラルフローレン
著名人・賢者	ハリソンフォード（インディジョーンズ）、THE YELLOW MONKEY
文学・映画・テレビ	ハックルベリー・フィンの冒険、グレート・ギャッツビー、スタートレック、MTV、オズの魔法使いのドロシー、みにくいアヒルの子

賢　者　The Sage

【 アーキタイプ 】

真実、知恵、知識の探究者。世界を理解するために自分の頭で自由に考え、自分の意見を持ちたいと願う。

賢者のアーキタイプは、人生経験が豊富な年老いた老人とされる場合が多いです。しかし時に年齢不詳の若年者や子どもと表現されることもあります。人生の様々な苦難を乗り越え、人生を熟知した賢者はその経験からしか得ることのできない豊かな知恵を有し、その知恵は全ての人の心の奥底に響く教えとなります。自ら世界を変えるのではなく、世界を変えるためにその知恵を使うことができる人に伝え広めていきます。

価値観	真実の探究
目標	世界を理解するために知恵と分析を使う
恐れるもの	知らないこと、誤情報、不正確
戦略	知識や分析力を使う
特別な才能	知恵、判断力、自信、専門性

【 ブランディング 】

賢者は、人生の師であり、遠くまでその存在を探し求めてでも教えを請いたくなるイメージです。

【 具体的な例 】

メーカー、ブランド	Google、大塚製薬、ヤクルト、プリウス（トヨタ）、ターゲット、エディーバウアー、インテル、テスラ
著名人・賢者	アルベルト・アインシュタイン、YODA、ソクラテス、孔子、仏陀、ガリレオ、坂本龍一
教育機関	ハーバード大学、マサチューセッツ工科大学（MIT）、スタンフォード大学
文学・映画・テレビ	BBC、CNN、NHK、X-ファイル、ニューヨーク・タイムズ、ディスカバリーチャンネル

英　雄 The Hero

【アーキタイプ】

卓越した強さ、能力、勇気を使うことにより、自分自身や世界の進歩に影響をあたえる。

英雄のアーキタイプは、愛する者のために強い決意と勇気を持って戦い、自信の価値を証明するものです。敗北も失敗も幾度となく繰り返しながらも、あきらめることなく立ち上がることでスキルアップし、これに象徴される成長、モチベーション、勝利、栄光などのイメージを持ちます。

価値観	勇敢、決断、忍耐
目標	世界を向上させる卓越した道を示す
恐れるもの	臆病、不適格、弱さ
戦略	強さ、能力、権力を手にいれる
特別な才能	卓越した勇気と能力、忍耐

【ブランディング】

英雄は、達成する可能性とそれに伴う満足感を表現したい企業は多いと考えられます。

【具体的な例】

メーカー、ブランド	アディダス、ナイキ、富士通、HONDA、BMW、シボレー
著名人・賢者	ジョン・ウェイン（俳優）、ジョン・グレン（宇宙飛行士）、ジェームズ・ボンド、ミッション・インポッシブルのチーム、ワンダーウーマン、バットマン、ジョン・F・ケネディ、セオドア・ルーズベルト、ドワイト・アイゼンハワー、マイケル・ジョーダン
文学・映画・テレビ	スター・ウォーズ、プライベート・ライアン、ローン・レンジャー、スター・トレック、スーパーマン、リア王、オセロ、ハムレット

反逆者　The Rebel (Outlaw)

【 アーキタイプ 】

ルールは破るためにある。現状を打破して世界をより良く、新しいものに。

反逆者のアーキタイプは、ルールを壊すというと悪く聞こえがちだが、これを前向きにとらえると、現状を打破して新しいものを作り上げます。破壊と創造は表裏一体で革命を起こすなど、決して悪いものではありません。

価値観	革命、復讐、正義、個性、自由
目標	（自分自身や社会にとって）役に立たないものを破壊する
恐れるもの	依存、拘束
戦略	常識の否定、秩序の混乱
特別な才能	自由、正義、変革

【 ブランディング 】

反逆者は、既存の体制へ挑戦し、新たな世界を実現しようとする反骨精神のあるピュアでポジティブなエネルギーに満ちたものです。

【 具体的な例 】

メーカー、ブランド	マルボロ、ハーレーダビッドソン、ディーゼル、ジャックダニエル、レッドブル
著名人・賢者	マルコムX、ジェイムスディーン、ブラッド・ピット、ジャック・ニコルソン、マドンナ、長渕剛
文学・テレビ 映画・雑誌	ジョーカー（バットマンの悪役）、ダース・ベイダー（スター・ウォーズ）、ボニー＆クライド、明日に向かって撃て!、ゴッドファーザー、グッドフェローズ、FOX、ローリング・ストーンズ

魔術師　The Magician

【アーキタイプ】

きっと叶う!物事の仕組みに関する基本法則を探し出し、その原理を応用して何かを実現したい。奇跡。

魔術師のアーキタイプは、やや神秘的な方法で夢を叶えてくれます。そこには二種類の異なったイメージ表現が可能です。魔術師には、夢をかなえてくれる楽しい気持ちを起こさせる善良なものと、白雪姫に出てくるようなお姫様を呪いにかける、いわゆる悪者がいるからです。もちろん受ける側のイメージも二手に分かれるのが特徴です。

価値観	夢は叶う、マジック、好奇心
目標	夢を叶えること
恐れるもの	疑い、想定外、不確実性
戦略	ビジョンを構築しやり抜く
特別な才能	変化と驚異を作り上げる

【ブランディング】

善良な魔術師のイメージは、一瞬にして難を転ずることができるコンサルティングや、夢を与えるエンタテイメント等に多く用いるられます。一方、怪しげな魔術師は、そのミステリアスなイメージをピンポイントに表現することができます。

【具体的な例】

メーカー、ブランド	スミノフ、日清食品、ダイソン、リーボック
最新テクノロジー	パソコン、インターネット、臓器移植、遺伝子工学、ベンジャミン・フランクリン、AI
文学・映画・テレビ	ディズニー、ピクサー、ハリー・ポッター、フィールド・オブ・ドリームス、シックス・センス、メリー・ポピンズ、オズの魔法使い、奥様は魔女、テンペスト、フランケンシュタイン

ふつうの男または女 The Everyman

【アーキタイプ】

正直で親しみやすい普通の人間であることを美徳とし、現実的で帰属意識をもつ。

ふつうの男または女のアーキタイプは、単に所属することを望んでいます。常に自分に何か足りないものがあると考え、それを改善していくことでよりレベルアップを図ろうとします。

価値観	正直、謙虚
目標	帰属する、溶け込む、人と一体になる
恐れるもの	目立つ、孤立感、拒絶
戦略	集団に溶け込む
特別な才能	帰属意識、自然体、共感、フレンドリー

【ブランディング】

ふつうの男または女は、社会に溶け込み、同じ思いを持つ人々と共感して力を合わせるといった、誠実で正直な帰属意識を感じさせる必要があります。よって、普段使いのイメージを必要とする地域のコミュニティーサービスや介護支援サービス、地域密着型のスーパーマーケットなどの表現に最適です。

【具体的な例】

メーカー、ブランド	イケア、ニトリ、GAP、ユニクロ、ラングラー・ジーンズ、TOYOTA、フォルクスワーゲ、VISA
著名人・賢者	Mr.children、ゆず
音楽	カントリー・ミュージック、フォーク・ミュージック、地域のお祭りやカーニバル
その他	NPO、労働組合、介護サービス、地域コミュニティ、スーパーマーケット、カフェ、レストラン、ホーム・コメディ

恋する者　The Lover

【アーキタイプ】

美しさ。情熱的。官能的。多様な人の愛をテーマとする。

恋する者のアーキタイプは、大きな愛をテーマとし、常に魅力的なものを求め、五感の喜びを享受しようとするものです。何よりも美しさやロマンティックさの中に価値を見出します。また、恋する者は望まれることを望み、親密さや官能的な喜びを求め、それを達成するために必要な手段を講じます。

価値観	愛、親密さ、官能的な喜びを提供する
目標	愛する人、仕事、経験に関わる
恐れるもの	拒絶、孤独、愛されないこと
戦略	美しさを再確認し、肉体・感情的にその魅力を磨いていく
特別な才能	性的魅力、情熱、献身、親密、感謝

【ブランディング】

恋する者は、コスメティックやレディースファッション、スイーツショップに代表されるように、愛、官能、歓び、魅惑的な世界を表現するのに適します。

【具体的な例】

メーカー、ブランド	ゴディバ、ハーゲンダッツ、アルファロメオ、MINI、ジャガー、シャネル、ヘネシー・コニャック、カティーサーク、ディオール
著名人・賢者	マリリンモンロー、ケーリー・グラント、ソフィア・ローレン、エリザベス・テイラー、浜崎あゆみ、キューピッド、ヴィーナス

道化師 The Jester

【アーキタイプ】

子供のような性質を持つ、楽しい遊びやいたずら好き。ルールは破るためにあり、自由であることを望む。

道化師のアーキタイプは、人生を楽しむことを目的とし、自分自身の楽しみだけでなく、すべての人に楽しみを与えることを喜びとしています。道化師は、周りの緊張をほぐしたり、凝り固まった状況を一転させるためにおどけます。一見すると馬鹿げているように見える道化の行動だが、それは当たり前の価値観や停滞している状況を打破するには非常に効果的に働きます。道化師は実際には馬鹿なのではなく、その場の状況を読み、いかにすれば良い雰囲気に変えることができるのか知っているのです。

価値観	自然さ、楽しみと共に今という瞬間を生きる
目標	幸せであること
恐れるもの	退屈、憂鬱、寂しさ、悲しみ
戦略	遊び、冗談
特別な才能	観客を楽しませる、楽観主義

【ブランディング】

道化師は、イベント関係や、知育教育会社、プロダクト会社など、これまでにない新しい発想で夢を実現したり、ルーティン化した状況を打破し新風を吹き込むイメージ表現が可能です。

【具体的な例】

メーカー、ブランド	m&m's、トイザらス、キッザニア、バンダイ、ペプシ、サンリオ
著名人・賢者	サザンオールスターズ、米米クラブ
その他	イベント会社、子供教育会社

援助者　The Caregiver

【 アーキタイプ 】

人を助けたいという欲求、利他主義者、思いやり、安心感、気遣い。

援助者のアーキタイプは、常に人を助け、人のためにできないかを考える利他主義者です。

価値観	思いやり、安心感、共感
目標	人をたすけること
恐れるもの	苦悩、無力感、自己中心性、恩知らず
戦略	人のために何かをする
特別な才能	思いやり、暖かさ、寛容さ

【 ブランディング 】

援助者は、困難な状況にある人々に手を差し伸べる活動や医療機関などにあてはまる他、人を助けるという特長から、様々な支援活動に活用することもできます。

【 具体的な例 】

メーカー、ブランド	UNICEF、WWF、ジョンソン・アンド・ジョンソン、ライオン、TOTO、ユニ・チャーム、セサミストリート、ボルボ、L・L・ビーン、コンコルド（時計）
著名人・賢者	フローレンス・ナイチンゲール、ダイアナ妃、マザー・テレサ、スピッツ
その他	非営利団体、医療機関、教育機関

創造者 The Creator

【アーキタイプ】

永続的に価値のあるものを創造する。芸術家、アーティスト。

創造者のアーキタイプは、以前になかった永続的な価値を持つ斬新なアイデアや発想を具現化したり、既成概念にとらわれずに物事に新風を吹き込みます。

価値観	独創性、イノベーション
目標	ビジョンを形にする
恐れるもの	平凡、幻滅、無関心、思考の停滞
戦略	独創性の追求
特別な才能	創造性、独創性、想像力

【ブランディング】

創造者は、自分自身を創造的に表現するための手段やツールとしてのブランドと上手く適応します。食品製造会社や企画・イベント会社等の、これまでになかった製品やビジネスモデル、もしくはデザイン会社の感性豊かな創造性を表現するのに適してます。

【具体的な例】

メーカー、ブランド	アップル、Adobe、ソニー、任天堂、LEGO、セブンイレブン、MAZDA、キンコーズ、ケロッグ
著名人・賢者	パブロ・ピカソ、米津玄師
映画・テレビ	アマデウス、セサミストリート
その他	デザイン会社、イベント会社、料理店

支配者 The Ruler

【 アーキタイプ 】

コントロールし混沌を避ける。優位性。リーダーシップ。成功のイメージ。

支配者のアーキタイプは、コントロールを望む支配的な性格を持ちます。国の指導者で、人々から愛され、信頼される良きリーダーです。また、国を統治していく中で様々な困難に遭遇しても、常に動じることなく安定した強い力と勇気を持ち、人々への慈愛に満ち、国を繁栄へと導く希望の象徴となる存在です。

価値観	コントロールすること、リーダーシップ
目標	秩序立てて末永く繁栄する家系、企業、共同体を築く
恐れるもの	弱さ、失敗、貧困、混沌、転覆
戦略	優位性をもち、リーダーシップを発揮する
特別な才能	影響力、決断力、リーダーシップ

【 ブランディング 】

支配者は、優越感を感じたいです。そして、その絶大なるリーダーシップ、決断力から、コンサルティング会社、そしてその揺らぐことのない信頼感から、ハイブランド、金融機関、会計会社等の表現に最適だと言えます。

【 具体的な例 】

メーカー、ブランド	ロレックス、ベンツ、レクサス、キャデラック、マイクロソフト、IBM、アメリカン・エキスプレス、ブルックス・ブラザーズ、シティバンク
著名人・賢者	ウィンストン・チャーチル、マーガレット・サッチャー

■ 参考文献

英雄の旅 ヒーローズ・ジャーニー
12のアーキタイプを知り、人生と世界を変える
キャロル・S・ピアソン (著)

ブランド・アーキタイプ戦略 THE HERO AND THE OUTLAW
驚異的価値を生み出す心理学的アプローチ
マーガレット・マーク (著)、キャロル・S・ピアソン (著)

アーキタイプには4本の柱があります。

「安定／制御」

「帰属／楽しみ」

「支配／リスク」

「自立／自己実現」

このどれかに、いずれかのアーキタイプが属します。それぞれのアーキタイプに惹かれるお客様は潜在的に恐れるものを抱いていますが、そのアーキタイプは恐れを減少させ、癒す役割を担います。またアーキタイプを理解する上で、「動機づけの方向性」についても知る必要があります。これは安定を望むけれどリスクをとる必要がある、帰属を望むけれど自立もしたいというようなことを指しますが、これはおそらく誰もが抱くもの。この点も意識しておくといいでしょう。


アーキタイプを選ぶ場合は、まずこの4つから①～④となるタイプを1つずつ選びます。「自社ブランドは自立のイメージがあるから、『The Explorer 探索者パイオニア（戦士）」が①。でも革命家でもありたいから、②を『The Rebel（Outlaw）反逆者』にしよう。あとは③に『The Jester 道化師　エンターテイナー』持ってきて楽しさを感じてもらい、④には『The Creator 創造者』の要素を入れよう」という感じで選びます。あとは、選んだアーキタイプに基づいて動機づけをし、行動に移すわけですが、この方法だとアーキタイプの軸があるので、ズレが生じません。逆を言えば、これをやらないからズレが生じてしまうのです。これは大企業でも間違ってしまいますから、非常に迷いやすい、見失いやすいことだと覚えておきましょう。

アーキタイプの決め方について、もう少しお伝えしましょう。基本は、ブランドアイデンティティーをアーキタイプに設定します。そのためには、最初にどのようなブランドなのかを言語化し、しっかりとしたイメージを説明できるレベルにまで固めなければなりません。ブランドアイデンティティーに深く関係するのが、「どのような理由でブランドが誕生したのか」という部分です。どのブランドも、きっかけとなる何かしらの出来事があり、その影響を受けて誕生しているはずです。

私の会社の事例をお伝えすると、アーキタイプは、①「The Magician 魔術師」、②「The Sage 賢者知者」、③「The Creator 創造者」、④「The Jester 道化師　エンターテイナー」です。第1章で、以前フランチャイズ事業として自動車関係の仕事をしていたと書きましたが、仕事上で何かあるたびに、その道の専門家に会いに行かなければなりませんでした。会計士、弁護士、弁理士、マーケティング、広告、システム関係……それぞれの分野で専門家をいちいちリサーチするので、大変な労力と時間がかかったことを覚えています。当時の私は、これが時間と労力の無駄だと感じたのですが、同時に、これを1つの会社でわかるようにできたらいい、そういう会社が必要だと感じたのです。幸い、私はそれぞれの分野に携わったことがあり、ある程度の知識があります。それなら自分がそのような会社をしようと決め、立ち上げたのが今の会社です。ですからメインとなる仕事は誰かの相談に乗ることですが、この経緯を聞くと、「The Innocent ピュアリスト（乙女）」や「The Explorer 探索者パイオニア（戦士）」のイメージはわかないでしょう。ブランドアイデンティティは、その企業やブランドの核となる部分。ここを外したアーキタイプにしてしまうと、その段階ですでにズレが生じます。大切なのは、なりたいイメージではなく、ブランドが誕生した理由の部分ですから、そこを意識してアーキタイプ①を選んでください。

これからブランドを作る時は

今から作るブランドであれば、それが5～10年先に継続的な価値を持てるのかどうか、どんなブランドにするかを考えなければなりません。ビジネスは、価値やニーズがあるかどうかで決まるものだからです。また、すでにあるブランドであれば、今の環境や状況と合っているかどうかの見極めも重要になるでしょう。

環境にマッチしているかどうかを調べるには、「エスノグラフィー」の活用がおすすめです。エスノグラフィーとは、マーケティングリサーチで用いられている定性調査の1つであり、訪問観察調査のこと。調査の対象となる人は、募集により選定されるのが一般的です。エスノグラフィー導入のメリットとなるのが、机上の空論ではないリアルな情報に出合えること。実際のユーザーが商品やサービスをどのような環境下でどのように使っているのかをリアルに知ることは、商品やサービスの強みや課題を確認することにつながります。また、新しい視点から潜在ニーズや仮説を見出せることもあるでしょう。作り手や提供側は、どうしても固定概念や先入観で判断しがちですが、実際はそうではなかったという事例は、驚くほど多く存在しています。ユーザーの消費行動における背景を理解するのにも、エスノグラフィーは役立ちます。売上が上がったとしても、なぜ自社商品を選んでくれたのかを企業側が理解しなければ、支持を得続けることはできません。

エスノグラフィーが役立った事例を紹介しましょう。おそらく誰もが知っているであろう、アメリカの人気アニメ『セサミストリート』。幼児向け番組ですが、放送当初は親も一緒に観るという予想がされ、番組の一部に親向けのプログラムが組み込まれていました。しかし、エスノグラフィーで調査をしたところ、子供がセサミストリートを観ている間は、親は家事など他のことをしていてテレビの前にはいないことが判明したのです。ということは、番組が用意していた親向けプログラムは必要ないということ。このことは、エスノグラフィーを導入して初めてわかったことでした。

エスノグラフィーは、バラエティ番組やドラマなどでも活用されています。例えば番組の作り手側は、ドラマはテレビで視聴している人がほとんどだと想定し、作品作りをしていました。しかしエスノグラフィーにより、スマートフォンやタブレットを使ってキッチンで観ている人が多いとわかりました。そこで、スマートフォンやタブレット向けの専用アプリやウェブブラウザを利用して、民放テレビ局のコンテンツを観られるようにと開発されたのが「TVer」です。もともと、各民放テレビ局は「見逃し配信サービス」を行っていましたが、これを一元化しポータルサービスにすれば、操作性は格段に上がります。

このように、エスノグラフィーがきっかけとなり生まれたサービスや商品があるわけですが、同時に、企業が考える価値は実際とズレることが多いことがうかがえます。ズレは生じるものと捉え、ズレを修正して環境とマッチさせるための調査であれば、エスノグラフィーが適しているでしょう。これを知ることで、実際の自社の商品やサービスの対象が誰なのかが明確にわかります。それがつかめてから、４本柱の中から1つずつ選んでも良いでしょう。

具体的な手順としては、大体のブランドイメージがつかめたら、４つの中から1つずつを選び、①となるアーキタイプを仮選択します。これはあくまでも仮で構いません。そして、競合ブランドのアーキタイプに、同じアーキタイプがないかを分析調査しましょう。と言っても、専門家に依頼するのではなく、ホームページなどでブランドイメージを確認し、自分なりに分析すればいいのです。「12のアーキタイプ」一覧表を参考に、アーキタイプをしっかりと意識して作られているかどうか、作られているとしたら、その深さなどを探っていくと、おのずと把握できるでしょう。もし、戦いを挑む強いブランドが同じアーキタイプを使っていたら、別のことを考えなければなりません。なぜなら、その時点で勝ちにくい状況になっているからです。

実際にあった事例を紹介しましょう。コカ・コーラとペプシコーラは、どちらもソフトドリンクのコーラを扱う世界的企業ですが、そのブランド戦略には明確な違いがあります。コカ・コーラのアーキタイプは、「The Innocent ピュアリスト（乙女)」。対するペプシコーラのアーキタイプは、「The Jester 道化師 エンターテイナー」です。同じような飲料を売るわけですから、同じアーキタイプを使っても良さそうに思いますが、それをしなかったのがペプシコーラのすごいところだと私は考えます。ペプシコーラの宣伝は、基本ユニークで茶化すようなイメージのものがほとんど。そうすることで差別化を図ったというわけです。

企業がアーキタイプを選ぶ場合、ブランドに対する思い入れがある人なら、1日でできるでしょう。競合ブランドの分析についても、それほど時間をかけずにできるかもしれません。なぜなら、その時点で相手のブランド分析は、ある程度終えているはずだからです。もしそれがわからないという場合は、「どのような理由でブランドが誕生したのか」「誰が作ったのか」をもとに、ブランドについてイメージしてください。これができていなければ、他の手続きに支障が出てくることもありますから、これを機会に固めておくといいでしょう。

企業側のアーキタイプがある程度決まったら、次は主人公であるお客様のアーキタイプを決めます。ここで注意してほしいのが、企業側とお客様のキャラクターは異なること。自分たちと同じと思い込んでしまったら、その時点でズレが生じますから、くれぐれも注意してください。

主人公のキャラクター設定

　ここからは、主人公であるお客様のキャラクター設定について紹介します。先ほど、企業側のアーキタイプ①～④を決める方法をお伝えしました。メインとなる①のアーキタイプが、すべての基本になります。②の補足するアーキタイプは、深さを出してくれますので、この①と②は絶対にブレてはいけません。ここがブレてしまうと、お客様は何かしらの違和感を覚え、ファン離れにつながる可能性が生じますから、注意しておく必要があります。

　ポイントとなるのが、③と④のアーキタイプです。これらのアーキタイプについては、お客様の方向を見て選ぶのがいいでしょう。とくに、デザインやテイストなどの目先を変えるなら、③と④を触るのがいいですね。ただし注意してほしいのが、目先を変えたつもりが、本質まで変わってしまったということも起こります。これはアーキタイプを意識していないから生じるケースが多いのですが、そうならないためにも４つのアーキタイプをしっかりと決めてください。それだけで他の企業とは動き方が変わるはずです。

　しかし、企業側からはお客様のキャラクターはわかりにくいでしょう。そのため、様々なアーキタイプを取り入れた広告展開などをしてしまうわけですが、大した効果は得られないため、その必要がないと私は考えています。企業側からお客様に合わせにいくのは得策とは言えず、そんなことをするからズレが生じてしまうのです。その選択を間違えてはいけません。意識しなければならないのは、潜在ニーズのマッチこそがお客様の持つニーズとの一致を生むということ。だからこそ、表面的なアーキタイプを合わせる必要はありません。

主人公は複数存在します。中心には企業が存在しますが、その周りにはたくさんのキャラクターを持つ主人公が多数いるわけです。それぞれの主人公の物語を監督、演出するのが企業側であることを忘れてはなりません。お客様自身は、それぞれが主役。自分の物語を、自分のアーキタイプで生きています。同じアーキタイプだとしても、ニーズが違えば、自社のお客様にはなりません。そのニーズがあるのは、潜在的なアーキタイプだということです。

「ショットガン」というお酒があるのをご存じでしょうか。テキーラと炭酸水、またはジンジャーエールを同一の割合で混ぜたものですが、その作り方にはかなり特徴があります。簡単に説明すると、ショットグラスにショットガンを注ぎ、それを手で覆ってからグラスを持ち上げ、割れない程度にグラスの底をテーブルに叩きつけます。これは炭酸を充満させるため。手を放すと、一気にショットガンが吹き出すので、それを一気に飲み干すのですが、このテーブルに叩きつける際に出る「カチャッ」という音を聞いて、「あ、ショットガンだ。飲みたい」と思う人は、もともとこのお酒を知っているということ。つまり、それに該当するアーキタイプを持っているということです。でもお酒に疎い人や、それほど興味がない人は、その音に反応すらしないか、反応しても気に留めることはないでしょう。そういう人ばかりなら、そこでショットガンは売れないということです。

4つの柱からキャラクターを決める

主人公のキャラクター作りにおいては、4つの柱を必ず意識してください。①〜④のアーキタイプを思い出しましょう。①は基本のアーキタイプ、もっとも強いもの。②は2番目に強く、補足して深さを出すタイプ。この2つはブレてはいけません。③は複数あるはずですから、ニッチにならない程度に絞ります。ニッチに絞り切るのは後でもできるので、そこまでする必要はありません。④はテイストやマーケットのターゲットボリュームにより、決定してもいいでしょう。市場を見ながら、変化させても問題はありません。③と④を変化させながら、主人公のキャラクターを絞っていきます。

これは、アーティストに例えるとわかりやすいかもしれません。日本を代表するロックシンガー矢沢永吉さんのブランディングには、一貫性があります。ハングリーな生き様は「男の夢」を感じさせ、殿上人であるにも関わらずフランクで庶民的。その秀でた人間力と佇まいに惹かれるファンは非常に多いです。彼のアーキタイプは、「The Rebel（Outlaw）反逆者」や「The Ruler 支配者皇帝（家長）」という印象です。だからこそ、彼に「The Regular Guy or Gal（Everyman）ふつうの男または女」の要素は必要ありません。ファンは彼にそれをまったく求めないからです。それだけブランドが確立されているアーティストですから、出演番組はかなり厳選されているのではないでしょうか。

矢沢永吉さんと相反するブランドイメージを持つのが、ゆずでしょう。老若男女問わず、幅広い人から支持を得ている彼らのアーキタイプは「The Regular Guy or Gal（Everyman）ふつうの男または女」。素晴らしいアーティストなのに、なぜこのアーキタイプ？と思われるかもしれませんが、まず彼らは路上ライブ出身のアーティストです。また、テレビ画面から2人の人の良さも伝わります。「ゆず＝善良な人」というイメージを持つ人も多いのではないでしょうか。また、彼らが創り出す楽曲の世界観には、日常の様々なシーンがあふれています。卒業式などでゆずの歌がよく使われるのは、彼らの作る世界観に親しみやすさや日常性があるからではないかと思います。だからこそ、彼らのアーキタイプに「The Rebel（Outlaw）反逆者」や「The Ruler 支配者皇帝（家長）」は必要ありません。

またサザンオールスターズも、幅広い世代から愛され続けているバンドです。とくに、桑田佳祐さんの高い才能とカリスマ性は飛び抜けています。サザンオールスターズのアーキタイプは「The Jester 道化師　エンターテイナー」。このアーキタイプだからこそ、ラブソングからエロティックな楽曲、コミックソングまで、幅広い曲調やテーマの楽曲を演奏することができるということ。これだけ長く活動しているバンドなのに、マンネリを一切感じさせないのは、それだけ高い才能と抜きんでた賢さを持ち、相応の努力を継続されているからこそでしょう。本当に偉大なアーティストであり、バンドです。それぞれのアーティストに惹かれるファンというのは、そのアーティストが持つアーキタイプに惹かれているのです。どのアーティストも、基本の①や②のアーキタイプは固定しながらも、楽曲やプロモーションなどで変化をつけながら、ファンを楽しませています。つまり、①と②は絶対にブレてはいけないという、わかりやすい事例です。もし彼らが①や②からズレた演出やプロモーション、番組出演などをしてしまったら、即刻ファンから「やめてほしい」という声が上がるでしょうし、そこからファン離れが起こってしまいかねません。

実際の企業の事例も紹介しましょう。これは私が手掛けたお客様の事例になります。以前、私はあるクリニックの建築をサポートしたことがあります。施主は医師。訪問医療や救急医療も対応される非常に忙しい方です。その方からのご依頼内容は、新しいクリニックを建築しようとしているが、設計がどうしても気に入らないのでアドバイスがほしいというものでした。ご自身で対応されたいようでしたが、多忙過ぎて難しいことから、私にご依頼くださったようです。

お客様はいろいろな夢を抱いておられました。この方は医療だけにとどまらず、介護事業に進出し、さらには飲食業を手掛けたいと考えておられたのです。法人を作り、その中にクリニックが入る医療事業、介護事業、飲食業を作ることが具体的なプランでした。それぞれに共通するのは「体に良い」ということ。その第一歩となるのがクリニック建築だったわけですが、そのことが建築士に上手く伝わっておらず、それが期待外れの設計プランになる原因でした。

このお客様の場合、①のアーキタイプは「The Caregiver 援助者」です。地域医療であること、介護支援サービスも手掛けたいと思われていることから、このタイプをメインとしました。②のアーキタイプとして選んだのが、「The Sage 賢者」です。医師としての信頼できる知識によって診断、指導を行うため、やはり賢者は欠かせないアーキタイプとなります。

また、医療だけにとどまりたくないと言われていたことから、様々な分野への挑戦という意味で、③のアーキタイプには「The Hero 英雄 征服者（守護神）」を選び、飲食事業等を見据えて、④には愛される「The Lover 恋する者 誘惑者」を選びました。

このように、根幹となる①と②のアーキタイプは絶対にブレてはいけません。企業の根幹となる部分から外れないことをしっかりと意識して選びます。しかし③と④は、市場の変化や年数経過によるニーズの変化を踏まえ、変えていってもいいでしょう。

企業としてのアーキタイプを選んだあとは、主人公のキャラクターを考えながら、アーキタイプを設定します。ここも当然ながら、①と②はブレてはいけません。なぜなら、メインとなる①と②のアーキタイプにお客様の潜在ニーズがあるからです。お客様とは潜在的な部分で①と②が合う必要がありますから、お客様の見た目や雰囲気に合わせてはいけません。変化をつけても良い表面的アーキタイプである③と④は、キャラクターの雰囲気に合わせにいくために変化しても良いでしょう。①と②をズラしてしまったら、ブランドとしての良さ自体が失われてしまいます。主人公の本質は①と②で作り、表面的なイメージ設定は、アーキタイプ③と④で行う。このことをしっかりと覚えておいてください。

第3章　ブランドストーリーの創出

主人公はお客様であること、主人公の設定やアーキタイプについて紹介してきました。主人公は複数いることや、アーキタイプには一度設定したら変えてはいけないものと、時代や状況、お客様によって変えていいものがあることもお伝えしました。この章ではテーマを設定することの大切さについて述べていきます。

テーマの設定

テーマの設定とは、「自社ブランドの商品やサービスが、お客様に何を提供し、どのように喜んでもらえるか」を意識して行うものです。お客様ニーズの一致と言っても良いでしょう。ストーリーでは、設定したアーキタイプの主人公が満足し、その主人公が持つニーズを埋め、自己成長や自己達成にたどり着くことがゴールとなります。このお客様ニーズを一致させるために、まず自社のテーマ設定もしなければなりません。自社のテーマの設定についての考え方は、会社の理念やビジョンと同義と考えて問題ありません。

いくつか例を挙げてみましょう。第1章でも紹介した、Apple 社が掲げた「Think Different.」

のCMは、世界中に大きな反響を巻き起こしました。余計なメッセージがなく、各ジャンルの偉人が映し出されるCMを見て、当時の人々は何を思ったでしょうか。Apple社は、ミッションを明示していない企業ですが、ブランドの世界観は確固たるものが確立されています。広告では、「リードする」「革命を起こす」というメッセージをたびたび打ち出していますが、それにより、Apple社の目指す世界観を表現していると言ってもいいでしょう。

Apple社は「Think Different.」以外でも、消費者の心を指すメッセージを打ち出しています。例えば、iPad AirのテレビCMとして公開された「Your Verse」は、「あなたらしく生きる」という意味が込められています。これらのメッセージから読み取れるのは、Apple社が実現させたいのは、自社の製品やサービスを通して、個人がそれぞれの視点を大切にし、自分らしく生きることの支援をしたいということ。Apple社がこの強いこだわりを持ち続けることで、消費者に「自分も世界を変えられるかもしれない」と感じさせるからこそ、唯一無二のブランドとして長きに渡り、大きな力を保持することができているのです。

次に、日本企業にも目を向けてみましょう。日本が誇る日立グループのアーキタイプは「開拓者精神」です。それが如実に表れているのが、「HITACHI,Inspire the Next」。CMの最後に流れるこのキャッチコピーを、見たことがある人も多いでしょう。CMでは、大人が話すバージョンから子供が話すバージョンまであり、日本人にとっては聞き取りにくいスピードで流れますが、それでもしっかりと印象に残る力強さがありました。

「Inspire the Next」を日本語に訳すと、「次を奮い立たせる」という意味になります。公式では「次の時代に新しい息吹を与える」という意味で使われており、日立の創業精神から考えられているテーマである、「未知の領域に独創的に取り込もうとすること」や「常に先駆者でありたいという願い」などが込められています。つまり、日立のストーリーのゴールは、「未来を活気あふれる世界」にすること。ユーザーは日立の製品を使うことで、自身の潜在的アーキタイプを埋めることができるというわけです。

この2社のテーマの例を見て、主人公のテーマには具体性がないことを気づかれたでしょうか。ここでは、主人公のテーマを1つに絞る必要はありません。なぜなら、主人公となるお客様には様々なアーキタイプが存在するため、あまりにも具体的だと面白くなくなってしまうからです。お客様が達成感をどこで覚えるかは人それぞれ異なりますし、何を面白いと感じるか、何を必要と考えるかについても、個人差がかなりあります。その部分を、具体的にする必要はないということです。

ただし、主人公がどうなれるのか、その結果の部分はしっかりとイメージできるようにしなければなりません。自社ブランドの商品やサービスを使うとどんな自分になれるのか、それをイメージできなければ、お客様に響く言葉を出すことができません。

キャラクターとアクション

日本一有名な昔話である『桃太郎』を思い出してください。誰でも一度は絵本で読んだり、読み聞かせをしてもらったりしたことがあると思います。桃太郎のストーリーは説明するまでもないでしょうが、桃から生まれた桃太郎は、村の人々を困らせる鬼を退治するため、キビ団子を腰にぶらさげ、イヌ・サル・キジとともに鬼退治に向かいます。ここからは、この桃太郎を題材に、キャラクターとアクションについて説明していきましょう。

さて、１つ私から質問です。あなたは、桃太郎はどのようなキャラクターだと思いますか?少し考えてみてください。答えは様々でしょうが、おそらく出てくるのは「勇敢」「奮起する人」「心身が強い」「困っている人たちのために戦える、優しくて強い人」などではないでしょうか。では、桃太郎がこのようなキャラクターであると判断したのは、なぜでしょうか?きっと多くの人は、桃太郎がストーリーの中で見せる「行動」から、そう考えたのではないかと思います。

キャラクターとは「性格」を意味します。では、人の性格はどのようにして判断するのでしょうか。実は、性格とは人が行動して初めてわかり、判断します。例えば、誰かに知らない人を紹介されて、「あの人は、人の良いキャラクターだ」と言われても、「そうなのかな？」と思うくらいで、すぐに完全に信用することはまずないと思いませんか？本当に人が良いかどうか、その人の言動をよく観察し、「人が良い」のイメージと整合性があると感じて初めて、「人の良いキャラクターだった」と思うはずです。つまり、どのような言動をするかにより、人のキャラクターは決まるということ。「明るい性格」の人と感じるのは、「明るいと感じさせる言動」を見聞きしたから感じるということです。

桃太郎に話を戻しましょう。桃太郎は困っている村人のために立ち上がり、鬼退治に向かいます。この行動があるからこそ、「勇敢」や「奮起する人」というキャラクターが成り立ちます。自分よりも大きな鬼に立ち向かう勇気や正義の行動により、キャラクターの印象に決まるということです。ここでのポイントは、「アクションにより、キャラクターが決まる」ということ。だからこそ、ストーリーが大切になるのです。

『桃太郎』のストーリーに目を向けてみましょう。桃太郎が行動を起こした第一の目的は、「鬼を倒すこと」です。そのために準備をし、行動に移したので、桃太郎のキャラクターが決まりました。

ここで考えてほしいのは、定めたキャラクターがどんな行動を起こすかを定義できないと、人の心は動かせないということです。桃太郎の場合は、「鬼退治」という目的があり、鬼に立ち向かう人というキャラクターを設定しました。そこが決まったら、鬼退治に行く桃太郎はどのように行動していくのかを具体的に考えるのです。

桃太郎は人が良くて勇敢ですが、彼一人で鬼に勝つことはできません。鬼に勝つためには、知恵と工夫、相手（敵である鬼）の情報が必要です。それがあって初めて、作戦を練ることができます。桃太郎の場合は、行動（鬼退治）のサポートをしたのが、イヌ・サル・キジ。キジが偵察し、サルが知恵を絞って戦略を練り、それをイヌが忠実に実行するという流れで、ストーリーは進みます。

現代の『桃太郎』のストーリーとは？

では、このストーリーを人に置き換えて考えてみましょう。当たり前のことですが、人が自分ひとりでできることなど、たかが知れています。また、人が考えることや価値観は様々ですから、まったく同じものは存在しません。つまり、それが人間の自然の姿であり個性になるわけです。人は完璧ではないからこそ、それぞれの役割が生まれ、お互いに協力し合えると思いませんか？人の欠けている要素を埋めるのが、自社ブランドの製品やサービスであること。その部分を具体的に知らせることが必要なのです。

もし桃太郎が現代にいたとしたら、鬼退治に行くために最初に彼が必要とするのは何でしょうか。おそらく、GPSかもしれませんね。鬼ヶ島にたどり着くためのマップを搭載した探知機がなければ、戦いの舞台にたどり着くことすらできないでしょう。また、様々な知恵を授けてくれるメンターも必要です。鬼の弱点を教えてくれる分析上手な人の力も借りなければなりません。実際に鬼を倒すことを考えたら、武器も必要になります。しかし、鬼が何匹いるかがわからないと武器の調達に困りますから、やはり必ず必要になるのは情報でしょう。そして、実際に倒すための体力やスタミナ、能力、技術なども身につけなければならず、桃太郎がやるべきことはたくさんあります。

―もしApple社の製品（デバイス）があれば?情報や分析、武器の調達、場所への誘導などを賄うことができる―そのようにユーザー（ここでは桃太郎）に感じさせることが、企業のテーマであり企業が提供するものであるということです。桃太郎が、「Apple社のデバイスが1台あれば、地図や本は必要なくなる。自分がしなければならないのは、体力をつけ、戦う力を養うことだ」と具体的にイメージできれば、おそらく桃太郎は購入を決めるでしょう。もちろん、これは私の想像に過ぎません。しかし、この桃太郎の行動のように、主人公となるお客様に対して何を助ける商品なのか、何をどうサポートしてくれるサービスなのかを具体的にイメージできなければ、お客様の心は動かないということが、わかったと思います。

テーマで言えば、実はもう1つ考えなければならないことがあります。それは『桃太郎』の設定するストーリーのゴールとは何かということ。もしかすると、あなたの考える桃太郎のゴールは「鬼退治」と思っていませんか?果たして、本当にそうでしょうか。もし桃太郎の考えるゴールが「鬼退治」なら、桃太郎が鬼退治を終えた時点で、ストーリーはゴールに到達、終了することになります。しかし、桃太郎が戦うことを決めたのは、村が鬼により荒らされて平和に暮らせなくなったから、でしたよね。ということは、桃太郎の考えるゴールは「村に平和が戻ること」のはずです。ならば、鬼を退治した後に、まだストーリーは続くと思いませんか？

ストーリーの起因となったのが「鬼」であることは間違いありませんが、桃太郎が何をゴールとするかで、その後の展開は変わります。「鬼を退治すること」が桃太郎の目的なら、徹底した鬼退治が必要です。しかし、「村に平和が戻ること」が目的なら、改心した鬼に村を修復させる役目を与えることも、ゴールになるはずです。つまり、鬼退治の後のストーリーがどうなるかで、様々なことが変わるということです。桃太郎が鬼を統治し、自分の支配下に置きながら荒らした村を復興するために鬼を働かせるゴール。または鬼と仲良くなり、村人と人は仲良く共生しながら平和に暮らすゴールなどがあるでしょうか。そして、その平和が長く続いたならば、桃太郎は真のゴールにたどり着いたと言えるのかもしれません。

Apple社の製品で大ブームを巻き起こした1つに、iPodがあります。デジタルオーディオプレーヤー（デジタルメディアプレーヤー）であるiPodには、何千曲もの楽曲を保存することができます。音楽好きにはたまらないでしょう。しかし、中に入れられる曲が少なかったとしたら、意味がありません。iPodを多くの人に使ってもらうには、中に入れられる曲をたくさん用意する必要があります。そのためには、各レコード会社などと交渉し、最新のヒット曲から昔ヒットした曲まで入れられるようにしなければなりません。つまりその交渉ができて初めて、iPodは「売れる商品」になり、ブランドのクリエイティビティが発揮できるというわけです。

『桃太郎』の話に戻りますが、桃太郎のアーキタイプはおそらく「The Hero 英雄　征服者（守護神）」です。これをしっかりと認識しなければなりません。桃太郎が途中から「The Rebel（Outlaw）反逆者」になってしまうと、ストーリーのテイストや方向性は大きく変わるでしょうし、鬼退治の後に桃太郎がどう行動するかも変わってしまいます。桃太郎は、「The Hero 英雄　征服者（守護神）」として、最後まで優しく誠実に目的を達成しなければなりません。メインとなるアーキタイプがズレてしまったら、それはゴールさえも変えることになり、ストーリー全体の骨格自体が崩れることにつながってしまうということです。

主人公のゴールとブランドのゴール

テーマ、キャラクター、アクションがわかったら、次は実際の世界のことを考えていきましょう。夢のストーリーと現実をマッチさせ、実際に何を提供し、どのような効果があるのかを自社商品やサービスに置き換え、探していきます。

ゴールの設定で知っておかねばならないのが、ゴールには2つの種類があるということです。それが主人公のゴールとブランドのゴールになりますが、この2つが同じに重なることはありません。主人公とブランドのゴールは異なるのが自然です。

主人公のゴールは、ふんわりとしたイメージにしておきます。情報が限られているほうが、主人公はゴールをイメージしやすいからです。一方のブランドのゴールは、明確かつ具体的に定めなければなりません。ゴールはもちろん、ゴールまでのアクションや、ゴール後のアクションについても、具体的な設定が必要です。それがあるからこそ、主人公はブランドが与えてくれる情報に心揺さぶられ、自分のストーリーを自分流につむいでいくことができるのです。

第2章で紹介したクリニックを例にし、ゴール設定について具体的に説明しましょう。地域医療をメインとし、介護事業や飲食業に進出したいと考えているクリニックですが、新しいクリニックの2階部分となるテラスには、大きめの星をモチーフにした装飾を施しました。「宇宙から星が降ってきて、そのクリニックに着地する。クリニックの下からは大きな木が生え、すくすくと育つ。星と木の力で、みんなが癒される」というのが、このクリニックの土台となるストーリーです。このストーリーは、現時点では具体的とは言えません。しかし、イメージすることはできるはずです。その星の光に患者さんたちは自分たちが癒されるというイメージを持つかもしれませんし、星と木に支えられ、治癒していくことをイメージできるかもしれません。主人公のゴールには、この曖昧さが必要です。星と木のモチーフは、ゴールがあいまいだからこそできたものです。星の色や光り方、星の意味、木の意味などを具体的に文章などで伝えてしまったら、患者は自分のストーリーをつむぐことができません。

医療事業の場合、主人公と企業の目指すゴールは、それぞれ次のようになります。

《主人公である患者の望むゴール》
・痛みや不快な症状がなく、快適に毎日を過ごせる状態になること
・肉体的、精神的な問題を解決し、平穏に時間を過ごせること
・上記の２つが、継続すること

《企業側であるクリニックの望むゴール》
・患者の持つ問題を解決、あるいは緩和し、患者にとって良い状態をキープさせられるだけの

技術と器を提供し続けること
・人材を充実させ、患者が望む医療を受けられる状態を維持すること

このクリニックの場合は、クリニックの望むゴールを達成するための手段として、木や星を装飾したクリニック棟の建設があるということになります。主人公である患者が装飾を見て癒され、また治療をがんばろうと自ら思ってくれたなら、それはクリニックの望むゴールに一歩近づくということ。目的の達成をサポートしてくれる手段になるというわけです。

明確なゴールの設定と、顧客の感情的な満足

ゴールを明確に設定することは、主人公の感情的な満足を得ることにつながります。商品やサービスが主人公に与える価値には様々なものがありますが、ブランディングの観点からすると3つに分けて整理することができます。それが「機能的価値」「情緒的価値」「哲学的価値」にあたり、1つずつ説明していきます。

例えばシャンプーだと、主人公には次のような価値の提供ができると考えられます。

機能的価値：髪のボリュームが出る、セットしやすくなる、手触りが良くなる
情緒的価値：髪にツヤが出て、美しくなった自分に出会える
哲学的価値：リサイクル容器を使用する商品のため、環境に優しい生活を選んでいる

商品やサービスを利用することで、機能面や品質面からお客様に価値を与えるだけでなく、精神的な満足感や達成感などの価値も同時に与えることが大切です。ここが企業のひとりよがりでは駄目で、何よりもお客様のニーズに結びついていることが重要でしょう。

ブランドは、自分自身や人生を変えてくれる魔法のような力を持ちます。大人しく、うまく自分を出せない人であっても、Levi'sのジーンズを穿き、ハーレーダビットソンのバイクにまたがった瞬間に、タフな自分をリアルにイメージでき、一瞬でもそういう気持ちに浸ることができるでしょう。いつかクリエイターになりたいと願う若者がApple社のデバイスを持てたら、彼はその瞬間だけでもクリエイターになれます。もしかしたらそれがきっかけで、素晴らしい作品を生み出すようになるかもしれません。仕事で名声を得たいと考えながらがんばる人がROLEXの時計を身につけたら、自分が成功者としてふるまう姿をリアルにイメージでき、モチベーションが一気に上がるということもあるでしょう。ベンツやBMWに乗ることも同様ですね。ハイブランドのエ

ルメスも、その力を与えてくれるはずです。

あなたが憧れるブランドを持つということは、ブランドと主人公が同化すること。望むものを手に入れることで、瞬間的にでも達成感や満足感を得ることができますし、ブランドによって自分自身を表現することも可能です。そのブランドに惹かれる人は、潜在的なアーキタイプを持っているからこそファンになってくれるのですから、あくまでもメインのアーキタイプは絶対に変えてはいけません。

また、現代のブランドは機能や価格だけでなく、企業の社会的責任なども考えなければならなくなりました。哲学的価値のある商品やサービスであるかどうかが、ブランドに価値を与えるからです。SNSの影響により、主人公となるお客様はより情報を得やすくなり、豊富な選択肢を持つようになりました。SNSの到来、および飛躍こそが、ブランドの価値に影響していると言えるでしょう。だからこそ、そのブランドを持つことで自分がどのような感情や気持ちを得られるかが、差別化につながります。

例えば、コーヒーを購入したいと考えた際に、「フェアトレード商品であれば、開発途上国の生産者や家族をサポートできる」と知って、少しでも力になりたいと購入を決める人もいるでしょう。その商品を買うことで自分が何かに貢献できると感じさせるのは、哲学的価値の大きな力です。チョコレートにも、フェアトレード商品があります。チョコレートの原料であるカカオの生産現場では、児童労働という大きな課題があるのをご存知でしょうか。多くの子供が学校に行けず、強制的に働かされているカカオ農園の存在は、国際的な問題として知られてはいるものの、抜本的な解決方向を見出すことにはつながっていません。消費者がフェアトレード商品を購入するのは小さな力にしかならないかもしれませんが、それを続けることで生まれる何かはきっとあるはずです。同じチョコレートを食べるなら、カカオを作る地域の子供たちが幸せになれるよう協力したい。そのような消費者の思いをくみ取れるのが、哲学的価値ということです。

ユーザーが何かしらの商品やサービスを購入するには、理由が必要です。様々な技術が発展し、DX化が進む今、性能や機能、質に大きな差があるものはあまりないのが現状です。ならば、消費者の選び方はブランド力や商品、サービスが与えてくれる価値に意識が向くでしょう。つまり消費行動を起こさせるのは、「価値」であることを、しっかりと認識しておきましょう。その上で、キャラクターとアクション、ブランドストーリー、ゴールを設定していくことが大切です。

ここまでを知っていただいたら、次章からはいよいよあなたの会社のブランドストーリーを実際に作る段階に入ります。ぜひ、楽しみに読み進めてください。

第4章　ストーリー構造の要素

ここまで、アーキタイプについての説明、ゴールの設定、主人公や企業のキャラクター設定について紹介しました。アーキタイプやストーリーの設定が、いかに事業の行く末を左右するのか、おわかりいただけたと思います。

この章では、これまで説明したことを実際にどのように使うのかに焦点をあて、具体的な事例も交えながら、紹介していきます。この章は、自分もしくは自社に置き換えて考えながら読み進めていただきたいので、可能であれば筆記具とメモ、もしくはパソコンなど、何か書き出すことができるモノを手元に用意し、読み進めてください。

お客様のベネフィットを設定

まず、アーキタイプについて再度触れておきましょう。自社もしくは自社ブランドのアーキタイプについて検討、整理し、①基本のアーキタイプ、②セカンドのアーキタイプ、③サードアーキタイプ、④フォースアーキタイプは何になるのかを考えてください。それをノートやメモ、デバイスのソフトに書き出しておきます。それができたら、次に行うのは、自社の商品やサービスについても書き出します。書き出すのは、次の項目です。

・自社の商品やサービスは何か
・それによりお客様が受け取るベネフィットは何か

ここで、ベネフィットについて紹介しましょう。ベネフィットとは、利益や恩恵などを意味する言葉ですが、マーケティング用語としても知られています。その場合は、お客様が商品やサービスから得ることができる効果や恩恵を意味しますが、注意したいのは、商品やサービスそのものを指すのではないということ。それらが与えるプラスの影響がベネフィットです。

事業の構築、および商品やサービスの販売において、ベネフィットを明確に表現することが重要なのはよく知られていますが、同時に、その理由も理解しておかなければなりません。ベネフィットは、潜在顧客の感情を刺激し、購買意欲を高めることを促すとされています。お客様にベネフィットを明確に伝えることは、お客様が具体的にどのようなプラスの効果を受け取ることができるのかをイメージしやすくさせることだと覚えておきましょう。ベネフィットは、お客様視点の概念ですから、この点を勘違いしてしまうと的外れの戦略になってしまいます。例えば、商品やサービスの機能や性能をズラリと並べてアピールするのは、ベネフィットの意味をわかっていない証拠と言えるかもしれません。また、広告会社やSNS運用支援会社などに施策を丸投げすると、的外れな戦略になってしまうことも考えられます。外部企業に丸投げするのは、避けてください。自社のこと、商品やサービスのことをもっとも知っているのは、自社の人間のはず。だからこそ、社内でしっかりと検討してください。

ベネフィットについて、具体的な例を用いて説明しましょう。例えば、新商品として発売するエアコンがあると仮定します。そのエアコンには、次のような特徴があります。

・40畳の部屋なら10分で適温にすることができる
・デザインはシンプルで余計な装飾がない
・既存商品よりも電気代を抑えることができる

この商品の特徴は、そのパワフルさと高い機能です。40畳の部屋を快適な室温にするには、それまでは3台のエアコンを必要としていましたが、この商品なら1台で済むようになりました。また、短時間で温度調整ができるのも大きなポイントです。電気代も抑えることができて、経済的です。ですが、これらはメリットにはなっても、お客様の心に響くようなポイントとは言えません。ベネフィットで考えなければならないのは、この商品を購入したお客様がどのような気持ちになるのか、どのような満足を得られるのかということ。その点を言語化しなければなりません。

エアコンの場合だと、「存在を感じないほどスッキリしたデザイン」「1分で適温、おまけに経済的」というのが、お客様に伝えるべきベネフィットです。「高性能ですごい」「高機能でパワフル」「40畳を30分で適温にできる」と訴えたところで、お客様は何がどうすごいのか、自分にどのようなメリットがあるのかを具体的にイメージすることはできないでしょう。それに、40畳の部屋に住む人はおそらくそれほどいないと思います。「8畳の部屋を適温にしてくれたらいいのだから、自分には必要ない」と思わせてしまい、売れ筋商品にはならないでしょう。

このような勘違いが生じるのは、商品化のプロセスで視点が狭まってしまうことにあると私は考えます。企業側は、以前に作った商品やサービスよりも良いものを生み出したいと思うと、どうしても性能や機能を高めることに意識が向きます。実際に発売するまでその状態が続くわけですから、視点が狭くなるのは仕方のないことかもしれません。

これはどんな商品やサービスにも言えることですが、ある一定レベルまで質を上げることができたら、それ以上に質を上げてもユーザーは使いこなせないという現象が起こります。例えば、スマートフォン。高機能製品がたくさん発売されていますが、実際に全機能をフル活用できているユーザーはどれほどいるでしょうか。高い機能を持つ製品を購入したとしても、その機能や性能の全てを使いこなせるのはユーザーの5％程度と言われています。ということは、機能や性能はある程度のレベルを望むけれど、それほど高いものをお客様は望んでいないと言えるのではないでしょうか。それよりも、軽量化してほしい、わかりやすい操作性にしてほしい、もっと安価で提供してほしいと望む人が圧倒的に多いはずです。つまり、この時点で作り手とお客様にはギャップが生じているということ。機能面をプラスすることばかりに意識を向けても、お客様がそれを望まないなら、いくらアピールしたところでお客様の心に響かないということです。

お客様の心を動かす4つの価値

ベネフィットを考える上で押さえておかなければならないのが、4つの価値です。今はモノが売れない時代と言われますが、そんな中でも大ヒット商品やロングセラー商品は必ず存在します。また、業績を伸ばすのが難しいと言われる業界において、順調に売上を伸ばし、拡大していく企業もあります。これらの商品やサービス、企業に共通するのは、4つの価値のうち複数を同時に満たしているということ。つまりお客様に買うだけの価値があると思わせる要素を持っているのです。

お客様の心を動かす４つの価値には、次のものがあります。

○機能的価値

商品やサービスが持つ、物理的、機能的な効果のこと。性能や機能が与える価値は、これに属する。

例）エアコン↓高機能／パワフル／電気代節約になる／シンプルでどんなインテリアにもなじむ高いデザイン性。

○情緒的価値

購入に至るプロセスや、使用する経験で、特別の感情をもたらす。もしくは、特別な何かを感じさせる。

例）ユニクロ（UNIQLO）の服↓衣服の常識を変える本当に良い服を安価で手に入れることができるお得感。ヒートテックのような、今までにない新しい価値を持つ服を着る先進性。

○自己表現価値

理想的な自分に近づける、あるいは実際の自分を強化できると感じさせる。装飾やデザイン、ブランドイメージなどがある程度確立していれば、提供することが可能。

例）エルメス（ハイブランド）↓成功者を感じさせるブランド。エルメスのカバンや小物を持つだけで、ステイタスを得られたような気分になれる。また、エルメスオレンジと言われるブランドカラーに強い魅力を感じるファンもいる。

○社会的価値

社会的な集団に属していると感じさせる。SDGs、リサイクル、リユース、無駄をなくすなどの社会的な取り組みに間接的にではあるが、自分も参加して貢献していると感じさせる。

例）フェアトレード商品↓フェアトレード商品を選ぶことで開発途上国の支援になる、公正な取引のもとで販売される商品を購入でき、開発途上国の生産者のサポートができるなど。フェアトレード商品は、コーヒーやチョコレート、ジャム、紅茶などがある。

ユニクロを知らない人はおそらくいないでしょう。今や日本のファッション界を牽引するトップブランドとして、世界各国でも愛されるようになりました。アパレル業界は低迷していると言われますが、その中でも売上を大きく伸ばしています。ユニクロを傘下に置く株式会社ファーストリテイリングには、他にも若者に大人気のGU、働く女性に人気のTheoryなどのブランドがあり、いずれも多くのファンがついています。

ユニクロが今のようなビジネススタイルを確立する以前は、よくありそうな「安価だけれど、品質は良くない洋服を扱うショップ」に過ぎませんでした。それで終わるショップも多いなか、ユニクロが抜きん出ることができたのは、その巧みな戦略によるものです。ユニクロは、ユーザーの声をとても大切にする企業です。商品を発売したらモニターを募り、意見を集めて次の商品に生かし続けました。モニターですから、当然ながら辛口のフィードバックも多数あります。文句や不満もたくさん集まったでしょう。ユニクロのすごいところは、ひとつひとつの意見、良いものも悪いものも目を通し、それらを可能な限り商品に反映させたこと。経営に携わる人であればわかると思いますが、これはかなり勇気が要ることです。また、モニターだけでなく購入者の意見も大事にしているはずです。

具体的な例を１つ紹介しましょう。集まった意見の中に、「柄は要らない。柄があるとユニクロだとすぐにわかる」というものがありました。商品の作り手としては、この意見はショックだったかもしれません。柄が嫌なら買わないでくれ、と無視することもできたでしょう。しかしユニクロは、無視することを選びませんでした。ユニクロの服というと、思い浮かべるのは無地のものでしょう。ユニクロの商品は、柄物があまりありません。柄がなく、シンプルなデザインは今やユニクロの代名詞となっていますが、ある意味これはファンが作り上げたものとも言えます。

また、カッティングやパターンにも、ユニクロならではの工夫が随所に見られます。「痩せている」「細く見える」ことにこだわる日本人の好みを追求し、そう見せられる服を提供していることも、ユニクロが根強い人気を誇る理由でしょう。このように、購入者やモニターに協力してもらいながら、ユニクロはブランドアイデンティティを構築しました。品質や性能などの実利価値が高く、デザイン性に優れ、起業コンセプトやブランドストーリーに共感できるという、唯一無二のブランドに成長したのです。

他の企業でも、モニターや利用者からの声を集め、自社商品やサービス、ブランディングに生かすという手法はよく採用されています。しかし、ネガティブな意見を受け入れ、商品などに反映されている企業は、そうないでしょう。しかし、ネガティブな意見や不満、文句にこそ、伸びしろとなるアイデアや、成長の種が潜んでいるもの。そこに目を向けないのは、好機を逃していることになると言ってもいいと思います。

これは、商品開発だけに言えることではありません。例えば、各部署で行う業務ミーティングやプロジェクトの打ち合わせなどでは、マネジメント担当者や責任者がダメ出しをすることが多いのではないでしょうか。会議というよりは、「ダメ出し会」と言ったほうがいいのでは?と感じるような会議をしている企業もあるはずです。ダメ出しは人からやる気を奪いますから、私から見ると実にもったいない。もしダメ出しをするなら、指摘と同時に改善策や解決策そのものを出さないといけません。改善策や解決案を出しやすい雰囲気にできれば、ダメ出しは業務やプロジェクトを生かすアイデアとなるはずです。

大ヒット商品やロングセラー商品は、複数の価値を持っていると説明しましたが、実は上記４つの全てを持つ希有な商品も存在します。その中の１つが、『プリウス（自動車）』です。言わずと知れた、トヨタ自動車が製造する世界初の量産ハイブリッド自動車です。「人と地球にとって快適であること」というコンセプトの元に開発が進められたプリウスは、低燃費走行も実現。1997年に発売された初代プリウスは、「未来からやってきた車」のイメージに相応しいデザイン性も、人気を呼ぶ要因となりました。プリウスの機能的価値は説明するまでもありません。燃費、走行性能、環境性能、安全性のいずれもが高く、先進的です。また、優れた耐久性もプリウスの大きな特徴でしょう。また2022年11月以降の五代目プリウスは、デザイン性の高さにおいても世界的に評価されています。高い機能性とデザイン性をあわせ持ち、加えて安全性に優れたプリウスは、車種としてのブランディングにも成功しています。一時期、ハリウッド俳優がこぞってプリウスに乗り換えましたが、これもプリウスのブランディングが優れていたから。情緒的価値、自己表現価値がしっかりと構築された結果と言えます。そして、環境にやさしい車であるという点が、プリウスの社会的価値をさらに大きく押し上げました。プリウスのような4つの価値すべてを持つ商品やサービスが大きく伸び、世界中にファンを作るのは、当然の結果と言っても良いでしょう。この結果につながった要素はいろいろあるかと思いますが、開発、製造から販売に至るプロセスにおいて、ズレが生じなかったことが大きいです。

さて、冒頭で触れた自社商品やサービスの書き出しですが、具体的なやり方をここで紹介します。商品やサービスについての書き出しは、提供メニューごと、あるいは商品群（サービス群）ごとに書き出してもかまいません。また機能や性能ではなく、4つの価値について書き出すことを意識し、取り組んでください。この作業は、チームで考えることをおすすめします。メンバーには、まだ自社ブランドや商品などについてよくわかっていない新入社員や若手社員を入れましょう。なぜなら、新人社員たちには経験値や知識がそれほどありません。まだ「中の人」になり切れない人なわけですが、だからこそ新鮮な視点を持ち合わせています。「中の人」になり切ってしまうと、「外の人」つまりお客様目線を失ってしまいます。客観性や公平性は、外の人のほうが優位ですから、ぜひ検討してください。社外ではモニターを募り、意見を聞くことも1つです。

4つの価値を考えられたら、次は1章で紹介した3つのゴール（表面的・内面的・哲学的）と合わせてみましょう。ただし、これができるのはお客様のニーズをしっかりと分析し終わっていることが条件。そうでないと、おそらく混乱してしまいます。もしできなくても、気にする必要はありません。その場合は、4つの価値をそのまま使えばいいでしょう。ここまでができたら、次のステップに入ります。人を惹きつけるストーリーに必要なのは、主人公、主人公をサポートする人、応援者などですが、ある意味、絶対的に必要不可欠なのが、「敵」です。これはビジネスにも言えることなのですが、その意味について紹介します。

ストーリーにおいて障害となる敵を設定

ストーリーを作るには、シナリオ（脚本）が必要です。テレビや映画などの作品も、場面の構成や人物の動き、セリフを書いたシナリオに沿って制作されます。シナリオは、計画を実現するための筋道という役割も担います。つまりシナリオ設計は、根幹となる重要な作業であることを理解してください。

シナリオを作る上で必要になるのが、背景やプロセス、そして結末です。これがあるからこそ、お客様に伝える情報に説得力を持たせることができるのです。また、シナリオ作成をしっかりとやることで、主人公となるお客様の行動や反応を予測でき、適切なアクションを考え実践することも可能です。

シナリオは、主人公に出演してもらうために作ります。そのため、ストーリーの設定や背景、アクション、そして結末を用意しなければなりません。主人公はこのストーリーを経て何を手に入れ、何を達成できるのか。それを明確化して伝えるからこそ、ストーリーは主人公の心に響き、行動を起こさせるのです。言い換えれば、このシナリオの提案こそが「解決策の提案」であり、企業側が最重要視する部分でもあります。主人公の心に響くシナリオを提案し、主人公がすんなりとシナリオに入れるようにすることが重要です。そのためには、アーキタイプの一致や提案力、世界観の構築が必要となります。主人公から「良いシナリオですね。喜んで出演しましょう」と言ってもらえるように、丁寧に作り込んでいきましょう。

1・敵キャラクターと主人公との関係性

自社の状態、置かれている市場、主なお客様のイメージができたら、次は情報収集に入ります。

主人公が目的を達成することを阻害している問題は何か、それを具体的に見つけていかなければなりません。情報収集をすることで、ようやく敵を認定することができます。

桃太郎は村を荒らしているのが鬼だと知り、鬼退治に出るわけですが、その時点で自分の敵は鬼だと知っています。それは商品やサービスの提供においても同じで、主人公は、敵について何となくでもわかっているのです。桃太郎は鬼に関する情報、例えばどこに鬼がいるのかなどについて情報を得て出発するように、主人公も敵を退治するために情報収集をしなければなりません。つまり、敵となる課題を明確化するということに取り組む必要があるのです。それが決まらないと、敵の設定もできません。まず取り組むべきは、現状の把握。何が課題なのか、何が問題なのかを知ることからスタートしましょう。

２・試練

問題を発見したら、次は課題や解決案を明確にしなければなりません。主人公が目的を達成する上で障壁となる問題は何か、それをどう解決することを主人公は望んでいるのか、いろいろ推測しながら、的を絞る作業に入ります。

桃太郎で言うと、鬼退治の解決策には様々なパターンが考えられます。彼が考える解決が、鬼を殺すことなのか、それとも鬼を説得して村を荒らさない状態にするのか、鬼を遠くに追いやることなのか、鬼よりも強い何かを登場させて制圧するのかで、取る方法や手順は大きく変わるでしょう。

解決策や改善策はいくつもあり、選択肢が1つということはないはずです。その中からどれを選ぶかは、主人公が望む真の解決が何を指すのか、それを知らなければならないということです。桃太郎の場合は、「村の平和を取り戻し、村人が安心して暮らせるようにする」ことが鬼退治の目的です。ということは、鬼の存在自体を無くす、あるいは鬼を徹底して弱らせ、村を襲うことができない状態にすることや、鬼と和解をし、元の平和な村を作り出すことが真の解決になるでしょう。ならば、取る手段は何か。ここでようやく手段を考えだせるということです。

①ステップごとの課題とリソース

桃太郎の真の目的が明確になりましたが、桃太郎が目的を考える際に、おじいさんやおばあさん、村人が望むことがベースになります。鬼退治をすることで村がどのような状態になれば村人が安心できるのか、それを中心にして考えた上で、桃太郎は解決策を見出しました。ということは、解決策や改善策は桃太郎1人で考えるのではなく、村人とともに考えるほうが良いということ。そうすることで、主人公の望む価値を確実に提供することができるでしょう。

企業で言えば、村人にあたるのがモニターや購入者でしょう。モニターや購入者が望むことは何か、お客様目線で意見をくれる人がいるからこそ、主人公の望む価値を提供することができるのです。

②主人公の成長と試練の関連性

情報収集までは、企業がある程度やらなければなりません。企業は主人公の立場を理解し、シナリオを書きます。集めた情報をどう使うのか、どんなベネフィットを与え、内面的にどのような幸せを感じることができるのか、それらをストーリーに載せて伝えなければなりません。その際に、シナリオの中で機能や性能をアピールしても、主人公には響きません。主人公に「シナリオがいいから、出演します」と言わせるには、アーキタイプの設定と提案力が必要です。

例えば、アーキタイプが「The Hero 英雄征服者（守護神）」の購入者に「The Jester 道化師エンターテイナー」の投げかけをしても意味がありません。そこに求める要素がないからです。商品やサービスのアーキタイプに合った演出をする必要があります。そのように考えていけば、おのずとシナリオはできていくはずです。

シナリオを作ると、その通りにいける主人公がいる一方、そうでない主人公も存在します。映画や小説では、気が弱くて消極的、自分から一歩踏み出せない主人公が、幾多の試練と修行を経て、真の強さを得て活躍するというストーリーの展開がありますが、この際に必ず登場するのが、師匠やメンターです。彼らの導きがあり、主人公は成長しながら試練を乗り越え、理想的な自分になっていきます。

③分かれ道

試練は、分かれ道でもあります。主人公が自力主体なのか、他力主体なのかでも変わります。桃太郎は自ら考え、行動を起こし、結果を出します。彼は、自力主体の人。サポートは受けますが、メインで動くのは桃太郎だけですし、キジやサル、イヌからの提案や助言を受け入れるかどうかも、桃太郎が決めて動きます。

他力主体の主人公は、ルパン三世でしょう。ルパンは次元や五右衛門と協力し合いながら、目的の宝石やお宝を手に入れていきます。桃太郎と異なるのは、次元や五右衛門に任せる場面が多々あるということ。ルパンだけが先頭に立つのではなく、次元や五右衛門も先頭に立ちますから、主人公が入れ替わることもあるわけです。企業経営に置き換えると、業務提携をしているようなイメージでしょうか。お互いを知り、自分と相手の強みを生かし、弱みをカバーし合いながら、事を進めていくさまがよく似ていると言えます。

他力主体の主人公は、セカンドやサードのアーキタイプを生かし、他力を頼ってオファーを出します。それにより、主人公が乗ってくるわけですが、それが仲間を集めることであり、実行支援でもあるのです。

シナリオになかなか乗ろうとしない主人公の場合は、背中を押すトリガーを用意しなければなりません。やることはわかっていて、やり方も知っている、相手が必要なことも知っているけれど、一歩踏み出す勇気が出ないわけですから、背中を押す支援をしていきます。背中を押すというのは、例えばセミナー講師であれば最初に無料セミナーを提供します。興味はあるけれどお金を負担したくないという人が多ければ、無料セミナーをすることで参加のハードルを下げることができますよね。有形商材を扱っている場合は、無料の試供品を配る、有料ではあるが価格を抑えたお試し品を提供する、試乗や試飲をすることができる機会を設けるなどが当てはまります。

よく、「みんながやっているから」という理由で無料セミナーや試供品プレゼントをしている企業もありますが、それはあまり意味がありません。「何のためにやるのか」「実施の狙いは何か」「どのようにやるのか」、これらを明確に理解した上で、実施しなければならないということです。施策は「一歩踏み出してもらう」ことが目的ですから、「踏み出したい」、あるいは「踏み出さなければならない」と感じてもらうものがいいでしょう。あえて不安を煽る、やらないことで起こる恐怖を示すことも1つです。人は、得るよりも失うのを嫌がる生き物ですから、「このままだと失ってしまう」「今、行動しないと良くならない」という表現をするのです。ただし煽り過ぎたり、けしかけ過ぎたりするのは逆効果ですから、表現には十分に気を配りましょう。

「失いたくない」という思いは、全アーキタイプに響きます。実はポジティブ要素よりもネガティブ要素のほうが、人を動かす動力源となりうるのです。様々な要素を程良く入れ、何を訴えるかを決めたら、次のステップに移りましょう。

3・ストーリーの転換点

ストーリーを作成しても、シナリオ通りに進む人もいれば、そうでない人もいます。そのために実行支援があるわけですが、実行できたら、次は主人公の伴走者となり、主人公が継続できるサポートをしていきます。

運動することを習慣化したいけれど、それを1人で継続できる人はそういないもの。切羽詰まった理由や動機があるなら別ですが、大抵の場合は続かない人が多いはず。1人では難しいからジムに行こうと思っても、その一歩が踏み出せず先送りにしてしまうことも、よくありますよね。しかし、申し込んでお金を払ってしまえば、ジムに行こうという気が起こります。そこでトレーナーや仲間に出会い、楽しいと感じるようになったら、ジム通いは習慣化するはずですが、それは伴走者となる人がいるから。つまり、企業は主人公が「続けたい」と思うようなサポートをしなければなりません。

商品を購入して1~2週間後、購入者に対して「注文サンクスメール」や「到着確認メール」

などが送られてくることがあります。これはステップメールと言い、商品やサービスの利用者に対してのフォローが目的です。メールには自社商品やサービスの宣伝に加えて、商品やサービスをより効果的に使うコツの紹介や、お得情報、プチ知識など、お客様が楽しめる情報を記載します。また、セミナーの開催やメール配信者対象の限定セール情報なども定期的に載せるといいですね。定期的にステップメールが届くことで、お客様は企業にフォローしてもらえていると感じるかもしれません。

リアル店舗の場合だと、公式LINE登録やメールアドレス登録を促し、お得情報を届けるという方法があります。またポイントカードを導入し、回数や購入金額に応じて特別にサービスを受けられるようにするのもいいでしょう。会員限定イベントを開催するという方法もあります。お客様にとってメリットのあるサポートをすることができれば、それはファン化やリピーター獲得にもつながっていきますから、しっかりとフォローすることをおすすめします。

またシナリオが進むと、ドロップアウトする人が出始めます。振り出しに戻りたがる人、興味を失ってしまった人、飽きた人、他のことに興味を持ち、そちらをやってみたいという人、理由は様々ですが、そうなるとシナリオを見直し、再計画を練らなければなりません。

先に述べたスポーツジムであれば、ジム通いを負担に感じているのなら、すぐに退会してしまうのではなく、まずはジムに来る回数を減らして、運動のハードさの軽減を試みましょうと提案するのです。もしかしたら、楽しく維持できるかもしれません。あるいは、インストラクターコースに入り、指導者になることを目指してみませんか、と提案するのもいいでしょう。意欲があり、熱心に取り組む利用者であれば、心に響くはずです。インストラクターコースに変わることで、主人公は目標を見つけて取り組むことになりますから、より質の高い効果を感じることにもなるでしょう。そうやって、より高いグレードの商品やサービスへ変更してもらい、継続性を高めて長期的な関係性を構築することにつなげるのです。これは「アップセル」と言い、顧客単価を高める方法のひとつとして注目されるようになりました。これは誰に対しても実施できるわけではありませんが、それを提案することで主人公のレベルアップにもなると思えるなら、提示するといいですね。主人公に夢や希望、目標を具体的にイメージしてもらえますから、相乗効果にもなるでしょう。例えば、会社で居場所を見つけられない、会社員をしていることに違和感を覚えている、目的や目標がないまま何となく生きていることに悩んでいるという人なら、アップセルによりジムやフィットネス業界、ヨガの世界に自分の居場所を作れる機会を得たことになります。

4・シナリオの見直し

主人公の状態や状況により、随時シナリオの見直しをし続けます。強いオファーを出す、あるいは弱いオファーを出す、終演が近いオファーなら新たに次のオファーを出すなどして、オファーを出すことを繰り返していきます。これらを踏まえて「PDCAサイクル」を回していきます。「PDCAサイクル」とは、業務管理や改善を行うためのフレームワークとしてよく知られていますが、それをアフターサービスにも活用します。

「P」Plan　：目標達成のための行動計画作成
「D」Do　　：目標実行のために行動すること
「C」Check ：問題点や課題を挙げ、上手く行かない部分や上手くいった部分を分析
「A」Action：「C」で出た問題点や課題をもとに改善案を作成し、改善を実施する

また、整理にも取りかかります。どのように状態を維持するか、どのようなアフターフォローをすればいいか、再度計画を練り直しましょう。

桃太郎で言うと、鬼退治をして終わりではないとお伝えしました。彼の目的は村が平和であり続け、村人が安心して暮らせる状態を取り戻し、それを維持していくこと。ならば、その目的に向かい鬼退治の内容を見直し、抜かりが無いかをチェックする必要があります。桃太郎は再計画をすることで、近隣の島にいる鬼まで退治するのか、それとも隣村も平和であるよう何かしらの施策を考えるのか、それはわかりませんが、企業も維持のために次の目的を見つけなければなら

ないのは同じです。分岐点に差しかかり、問題が起こると、ナビの経路検索のようにいくつかの修正提案（シナリオの書き直し）が必要になります。それを放置すれば、問題が大きくなり、横道に逸れて本線に戻れなくなるかもしれませんから、修正と提案、整理は都度行うようにしてください。

5・世界観の創造

ブランドの世界観は、アーキタイプに合わせて表現しなければならないと伝えてきました。アーキタイプがズレていると、主人公はたちまち違和感を覚え、居心地の悪さを感じます。イメージの段階からその点に意識を向け、アーキタイプに沿って様々なことを決めていきます。その際に、もし違和感を覚えることがあれば、それはスルーすることなく対応してください。小さなズレに気づかず進めてしまうと、世界観に大きなひび割れができてしまうかもしれません。

シナリオは、商品ごと、サービスごとに考えるのが理想です。それが難しい場合などは、商品群、サービス群ごとに作成するのもいいでしょう。もし、複数の事業を手掛けている場合は、事業をまとめるホールディングスのようなものを作り、会社を分けるのも1つです。そうすれば、グループ会社ごとにアーキタイプを設定できますから、違和感やズレは生じにくいでしょう。

世界観の創造は、難しいと感じることもあるかもしれません。先に述べた現状把握から敵を見つけて設定し、改善案や解決案のシナリオを作るというプロセスは、考えなければならないことがたくさんあります。しかしブランドの世界観は、言葉やデザインに置き換えなければ主人公に伝えることはできません。表現したい世界観にピッタリの言葉やデザイン、カラーを選び、それらを一緒に表現して、主人公を引き込みましょう。

シナリオ作りの流れが伝わったでしょうか。次の章からは、マーケティングについて触れていきます。モノやサービスを売るのに欠かせないマーケティングを、シナリオの世界観とどのようにリンクさせていくのか、ぜひ知っていただきたいと思います。

第5章　マーケティング戦略の展開

ここまでで、企業と主人公、それぞれのアーキタイプは決まったことと思います。おそらく頭の中に、様々なアーキタイプのイメージが生まれているのではないでしょうか。例えば、企業ブランドのファーストアーキタイプを「The Explorer 探求者パイオニア（戦士）」、セカンドアーキタイプを「The Sage 賢者知者」に設定したとしましょう。冒険するイメージや、賢者のイメージはできていますか?そして、そのアーキタイプを表現する場所がどこなのか、イメージできますか?探求地となる場所は、様々です。標高が高い山、大海、ジャングル、秘境など、挙げるとキリがありません。また、国内なのか、国外なのかでもイメージは変わるはずです。その具体的なシーンまで、イメージできているでしょうか。

世界観の翻訳

大人気アニメの『ONE PIECE（ワンピース）』が好きな人なら、世界の海を渡り歩く海賊を思い浮かべるかもしれません。『ONE PIECE』の場合、探求地となるのは海。アーキタイプのイメージを膨らませる際に、舞台は海と想定しながら進めることになります。

映像作品の撮影に例えて説明しましょう。映画のテーマが決まり、脚本も完成し、演者もスタッフも決まりました。その次にすることは、ロケ地を探すことです。東京で撮影するのか、広島で撮影するのか、それとも北海道なのかで、作品イメージはかなり変わります。ロケ地が国外であれば、どの国を選ぶかで作品のイメージを左右します。監督は、作品テーマとイメージ、お客様に伝えたいメッセージは何かを踏まえ、ロケ地を選ぶことになりますが、その時に「北海道でも関西でも東京でも、どこでもいいか」と思う監督はいないでしょう。どこでもいいというのは、意思や希望がない表れ。それで人を惹きつける作品が完成することはないはずです。

アーキタイプも同じです。「山でも海でも川でも、どこでもいい」と言う人は、その時点で「The Explorer 探求者パイオニア（戦士）」ではないということに気づきましょう。探求者は、常に冒険をイメージし、挑戦し、克服しながら新しい世界を開拓します。そんな強い意志を持つ人が「探求地はどこでもいい」と言うでしょうか？

また「The Sage 賢者知者」であれば、どのようなジャンルに興味を持ち、専門性を追求するかを考えなければなりません。興味を向ける対象が精神なのか、身体なのか、脳なのか、自然や哲学、歴史なのかで、使用するツールイメージが変わります。つまり、アーキタイプで分類しただけでは、何も作れないということ。主人公がリアルに効果をイメージできる情報量にはなっていないということです。

防寒具を扱っているブランドがアーキタイプを「The Explorer 探求者パイオニア（戦士）」に設定するとします。その防寒具は、山で使うアイテムだとすぐにイメージができるでしょう。その山のイメージも、おそらく具体的なはずです。標高が高く、気温差が激しい山なのか、それともハイキングを楽しめる山なのか。どちらの山にふさわしい防寒具なのか、すぐに判断がつくはずです。また、その防寒具を着用した主人公もイメージします。イメージできれば、用意しなければならない小道具やセット、装飾などがおのずと決まってきます。そこまでが決まったら、セカンドアーキタイプの要素を加えていきます。「The Sage 賢者知者」がセカンドアーキタイプなら、知的さをイメージさせるアイテムを加え、「The Rebel（Outlaw）反逆者」がセカンドアーキタイプなら、ワイルドな要素を加えます。前者であれば高性能の GPS やマップ、カメラなど様々な機能を搭載している情報機器になるでしょう。後者であれば、ナイフやロープがふさわしいですね。つまり1つのアーキタイプであっても、場所や小道具、セットがみな同じではありません。自社ブランドや商品のイメージにマッチするものを選び、設定しなければならないということ。これこそが、世界観です。

世界観が設定できたら、次は主人公を登場させます。作成したシナリオに世界観を入れ、主人公を呼び込むわけですが、当然ながら主人公の個性はバラバラです。「The Explorer 探求者パイオニア（戦士）」の中には、イメージ通りの力強くて勇敢な人もいれば、どこか軟弱さを感じさせる人もいるでしょう。しかしその人は、イメージと異なっているとしても、探求したいという強い思いを抱いているはず。企業側は少々の違和感を覚えるかもしれませんが、その違和感はあってかまいません。なぜなら、主人公が自ら求めていることだからです。企業側がすべきことは、この人がこの世界で楽しく目的達成をするには何が必要か、何を用意すればいいかを考えること。

例えばワイルドな人であれば、すでに自分で装備を用意していて、探検を続ける方法も知っているかもしれません。ならば、自分では用意しにくい武器を渡すといいでしょう。ワイルドな人なら、その武器を正しく適切に使いこなすはずです。しかし、軟弱な人に同じ武器を渡しても、その人は使いこなすことができません。渡すべきものは、ライターやテント、探検用の洋服などでしょう。道を進むためには何が必要かを示唆し、サポートすることも必要です。道を進むにはマップやコンパスが必要になることや、情報機器が要ることも伝えなければなりません。また、探検の手順も教えると喜ばれるかもしれません。設定した世界観は、企業側のテリトリー。主人公ができるだけ道に迷うことなくゴールに向かえるように、サポートすることが必要です。

ここで意識すべきは、自社が構築した世界観の中には、様々なタイプの主人公が入ること。中には雰囲気や見た目が、それぞれのアーキタイプに合わないように見える人もいます。ですから企業側は、主人公を良く観察し、それぞれの主人公に合ったサポートを提供しなければなりません。それが、シナリオを書いていくこと、言い換えれば、それこそが解決策の提案をすることになるのです。

言葉への展開

世界観のイメージが明確でないと、それを言葉やビジュアルで表すことができません。アーキタイプを設定したとしても、世界観は曖昧な状態のままでしょう。アーキタイプに合ったロケ地やセット、小道具を集めていき、世界観を構築するわけですが、これを言葉やビジュアルで表し、主人公に伝えるのが「世界観の翻訳」です。翻訳は、ビジュアルを多めに活用するといいでしょう。言葉には意味が明確にありますから、世界観を着実に伝えることができますが、残念ながら言葉だけだとイメージは限定されてしまい、主人公が想像する隙をあまり与えてくれません。その点、ビジュアル（絵やデザインなど）は、見ただけで様々なことをイメージし、思いを巡らせてくれます。言葉よりも、ビジュアルイメージのほうが与える情報量は多いので、行動にもつながりやすいと言えます。

シナリオに参加する主人公は、前進を続けます。企業側は、主人公が迷わないように、標識や道しるべとなるものを用意します。その標識や道しるべが、言葉やビジュアルで示したものです。これらは主人公の行動を促してくれるのですが、逆に言えば標識や道しるべがないと、主人公はたちまち道に迷うでしょう。また、そのシナリオになぜ参加したのかわからなくなる可能性もあります。そうなると、ドロップアウトも考えられるため、適宜行動を促す案内を提示するのです。

あるお店で食事をしたいと思い、自動車で向かうとします。初めて行くので、カーナビの案内が頼りになりますが、そのお店の近くまで来て、いきなり案内が終了したらどう感じるでしょうか。目的のお店は近いはずなのに、探しても見つけることができません。そうなると、たいていの人は行く気が失せてしまい、「お腹もすいているし、もういいや」と探すのを諦めて、目についたお店で食事を済ませる可能性も出てきます。また、案内のタイミングが不適切でもいけません。目的のお店まであと何キロなのか、きちんと案内があれば安心して目的地に向かえますし、近くなれば降車の準備もできます。もし案内がされないまま走行するとなると、到着時間さえ予測できませんから、もう面倒だと感じ始めた頃によく利用するチェーン店が現れたら、そこで妥協しようと思うのではないでしょうか。

主人公がそのような状態にならないよう、道しるべとなるビジュアルや言葉はタイミングよく示さなければなりません。ゴールの手前やゴール到着直前は、とくに必要なタイミングでしょう。そしてタイミングごとに、良い未来の案内を見せます。それがマップの全体図であり、シナリオの全体図、さらに言えば課題解決のための道筋を説明する提案書になるということです。

実は、これはマーケティングの世界で使われる「カスタマージャーニー」にあたります。カスタマージャーニーとは、お客様がある製品やサービスを知り、実際にそれを購入するまでのプロセスのこと。どのようなきっかけでそれを知り、どのような比較を経て購入に至ったのかを、旅に例えたものです。マーケティングを成功させるには、主人公の行動や思考、感情などを適切に把握しておかなければなりません。把握しておくことで、どのようなタイミングでどういうアクションを起こせば主人公が喜ぶのか、購買につながるのかを根拠を持って推測できるからです。

お客様が商品やサービスの購入に至るまで、様々なところで企業やブランドと接点を持ちます。具体的には販売サイトや店舗、SNSなどになりますが、それぞれの接点で果たすべき役割を理解し、お客様が望むことを適切に提供できなければなりません。カスタマージャーニーは、これらを知るための手段というわけです。

　カスタマージャーニーを知るには、「カスタマージャーニーマップ」を作り、主人公と自社ブランドがどのような接点を持てばいいか、そこで何を提供すればゴールに至るのかを可視化させます。


　具体的事例を用いて説明しましょう。ある人が新しい美容院を探す場合、まずは美容院情報の検索サイトやSNSを使って探すと思います。あるいは、友人や知り合いに紹介してもらう人もいるでしょう。情報を探して、自分の希望に見合う店が見つかれば来店予約をするわけですが、選択権はお客様側にあります。もちろん、SNSを更新したり、美容院の情報サイトに登録するなどはしますが、お客様が美容院を探している段階では、一人ひとりに対して具体的なアクションを起こすことはありません。そのため、この段階では、こちらのシナリオに主人公を乗せているわけではないことを理解しましょう。

　そもそもルートは、企業側（ここでは美容院）で用意するもの。企業側が提案し、探しているお客様を用意したルートに誘導し、乗ってもらわなければなりません。ハードルが高いと感じるかもしれませんが、すでにアーキタイプを選んでいるのですから、思っているよりも難易度はかなり低いはずです。アーキタイプに沿っていれば、ある程度の道筋や軸がありますから、そこから外れないようにしながら進めてください。

設定した世界観では、アーキタイプに合った言葉を使います。「行く」という言葉1つをとっても、「行こう」「行け」「行きませんか」「ご一緒しませんか」「行こうぜ」では、ニュアンスやイメージが大きく変わります。そのため世界観を意識しながら、言葉選びをしなければなりません。また、一度使った言葉のニュアンスは、一貫するほうがいいでしょう。前回は「行こうぜ」と表現したのに、今回は「ご一緒しませんか」を採用するなら、主人公は違和感を覚えて戸惑ってしまうかもしれません。そうならないためにも、世界観が決まったら、どんな言葉がマッチするかを考え、ピックアップしましょう。そして、決まった言葉選びは統一し、社内でズレが生じないようにシェアしておきます。

言葉は、様々な力を持ちます。忘れていたことを思い起こさせる言葉もあれば、進むべき方向を示す言葉もあるでしょう。また、危険を回避する言葉、行動を促す言葉もあります。世界観を表現するには、今その主人公がしていない行動を促すような言葉が必要です。潜在的なアーキタイプに訴えかけるような言葉でないと、主人公は動かないからです。どの言葉が響くかは、アーキタイプによって異なります。ブランドディレクターを置いているブランドや企業であれば、統一感を持たせるために一貫して管理するといいでしょう。専任担当者がいない場合は、判断する人を決めておきます。統一感を出すには、判断の基準が一致していなければなりません。それがズレてしまうと、世界観にもズレが生じますので、注意してください。

世界観を見事に統一し、表現している企業と言えば、ユニクロとApple社になるでしょう。ユニクロが目指すのは、「LifeWear（究極の普段着）」。「あらゆる人の生活を豊かにする、生活ニーズから考え抜かれたシンプルで上質な服」がコンセプトです。そのため、派手な柄物やトリッキーなデザインのものはなく、必要以上にトレンドを追うこともありません。価格も、ブランドにしては良心的です。また、商品広告などに無駄な言葉も存在しません。コンセプトに必要のない情報やデザインは、全てそぎ落とす。それがユニクロの方向性だからです。ユニクロの商品は機能的です。商品の特徴を表す商品名も、無駄がありません。『極暖』という商品がありますが、この商品名を見れば、どんな機能で、いつ使うのか、すぐにイメージできますね。機能性の高さも、商品名がダイレクトに伝えてくれます。

ユニクロのロゴも特徴的です。鮮やかな赤色に白抜きの文字というシンプルなロゴは、記憶には残りやすいはず。カタカナ表記と英語表記のタイプがあり、二つ並んで表示されています。このロゴ配置は与えるインパクトが大きく、戦略としては大成功と言えるでしょう。ユニクロと聞いて、このロゴを思い浮かべる人は多いでしょうし、シンプルですから、海外の人の記憶にも残りやすいと思います。

もちろん、店舗作りにも一貫性があります。ユニクロが導入したセルフレジをご存知でしょうか。セルフレジの指定場所に商品を入れたカゴを入れたら、一瞬で商品数や金額がタブレット端末に表示され、数秒も待たずに会計が終わってしまいます。会計にも最先端を導入し、無駄な時間や手間を徹底的に省いて合理性を追求していることがうかがえます。欠品が出ないよう緻密に陳列がされていることや、内装に余計な装飾がなく、商品を選びやすい工夫が徹底されているのも、消費者にとっても大きなメリットだと言えるでしょう。徹底した世界観があり、細部に渡って行き届いているからこそ、ユニクロは世界中にファンを持つブランドに成長することができたのです。

また、これまで何度も登場しているApple社も、世界観の統一が徹底され、ズレを起こさないブランドです。Apple社の製品には、iPhoneやMac、iPodなど様々な種類がありますが、これらはお客様にヒアリングをして生まれたものではありません。そもそも、1万曲の音楽データをデバイスに入れ、持ち歩くという発想を持つ人はそうそういないでしょう。「音楽を持ち歩く」と言うなら、当時であればカセットに録音したものを持ち歩く、CDウォークマンにCDを入れ、それをイヤホンで聴くという発想になるはずです。音楽をCDやカセットなしで再生することを、誰が思いつくでしょうか。お客様の発想にないものだったからこそ、Apple社は世界中の人に受け入れられたのです。つまり、Apple社は、彼らのシナリオにたくさんの主人公を乗せたということ。新しいルート、提案を用意し、このシナリオに出たいと思わせたということです。

新しい世界観が提示されると、人は必ず振り向きます。「新しい」というのは、それほどに魅力的なのです。そして、その世界観の中で、人は自由に自分を表現し始めます。Apple社は様々な価値を提供していますが、世界観を創り、それをお客様に開放するという役割を果たしました。Apple社の製品は、機能的でカッコいいだけで売れたのではありません。Apple社の提供する新しい世界観が、多くの人に受け入れられた結果なのです。

デザインへの翻訳

次は、世界観をデザインに翻訳することについて紹介します。イメージで作った世界観をデザインする際に、最初にやるべきことはデザインコンセプトを決めることです。デザインは、名刺や封筒、パッケージ、Webサイト、ランディングページなど、あらゆるものに影響します。そのため、仮にでもコンセプトを設定し、統一しておかないとブレが生じやすいと言えます。

世界観を「カッコいい」に定めたとしましょう。しかし、この「カッコいい」のイメージは、個人により大きな差が生じます。「カッコいいって何？」と聞かれても、何をカッコいいとするかは個人差があり、非常に幅広いです。それを定義するためにも、ブランドの何が「カッコいい」なのか、様々な映像作品やWebサイトを見て、イメージに近いものをピックアップしておきましょう。これは「綺麗」や「かわいい」にも当てはまります。形容詞が表す世界観は、イメージに個人差が生まれやすく、統一されにくいもの。それを意識しなければ、ブランドの良さは伝わりません。

デザインの段階で世界観がズレるのは、アーキタイプを活用していないからです。軸となるアーキタイプをしっかりと意識し、デザイナーなどにも共有しておきましょう。そして、ファーストのアーキタイプを表現するのが得意なデザイナーに依頼してください。デザイナーにはそれぞれ得意分野がありますから、そこを間違えてしまうと、世界観にはズレが生じます。

この際、「トンマナ」を意識するようにしましょう。「トンマナ」とは、「トーン&マナー」の略称で、主に広告やブランド戦略における、デザインやメッセージなどの統一感を指します。元々は広告業界や出版業界で使われていた用語でしたが、最近はブランド戦略やデザインの世界でも用いるようになりました。

「トンマナ」の「トーン」は雰囲気を意味します。「トンマナ」の設定は、ブランドの世界観に統一性が生み出され、人々の印象に残りやすくなる大きなメリットをもたらします。また制作側のメンバー間で、世界観やブランドのイメージが共有できるため、統一性が損なわれることを防げ、制作物を効率的にチェックできて、質の向上も期待できるでしょう。「トンマナ」を守るには、徹底した管理体制の仕組みを作らなければなりません。管理者は1～2名の少人数に絞り、共有を徹底しながら、世界観がマッチしているかどうかをチェックします。これをしておかなければ、微細なズレから世界観が崩れることもありますので、注意してください。

コーンマーケティングの概要と重要性

ここで、コーンマーケティングについて紹介しましょう。これは、私のオリジナルのマーケティング手法です。ビジネスにおいて重要視されることの中に、「付加価値」があります。付加価値とは、商品やサービスの、お客様が受け取る追加のメリットや利益のこと。似たような商品があると、お客様は安価なほうを選びますから、価格競争になってしまいます。そこで価格以外の価値を付けることで、他社との差別化を図るわけです。価値が高いものを「高付加価値」、価値が低い、あるいはないものを「低付加価値」と位置づけ、価格とのバランスを見ながら事業を展開していきます。

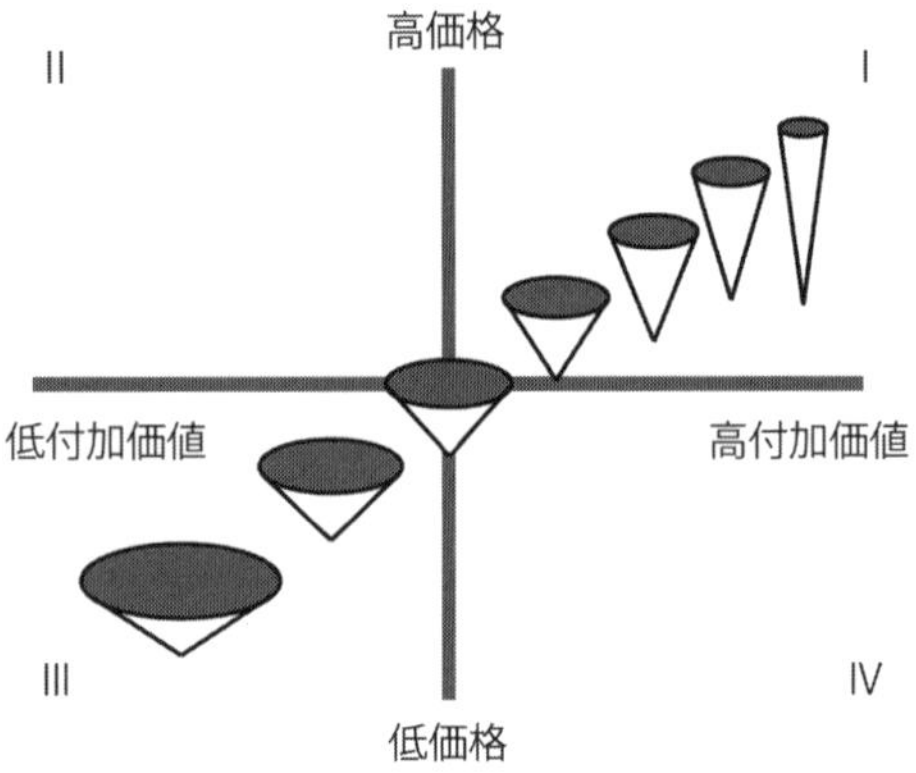

右のマトリクス図では、付加価値を横軸、価格を縦軸で表しています。高付加価値で高価格の商品やサービスをこの図で表すと、細長いコーンのような形状になるのがわかるかと思います。これに当てはまる商品やサービスにはいろいろとありますが、わかりやすいのは、フェラーリ（自動車）でしょう。フェラーリをこの図で表すと、かなりの尖り具合になります。尖り具合は、お客様や企業のこだわりの強さの表れです。フェラーリはスポーツカーですが、一般道路で日常使いするにはもっとも不向きな車の1つと言えます。スポーツカーのため乗りやすさはなく、デザインや操作性、機能などに対するこだわりが強い車種なので、運転しやすいとも言えません。

しかし、世界中に熱狂的なファンを持つ車種でもあります。フェラーリを手に入れるなら、どれだけお金を積んでもいいと考える人は少なくありません。実際、フェラーリの中古車は高価格で売買されています。言い換えれば、それだけの需要があり、高い価値を提供し続ける自動車であるということです。特定のお客様にしっかりと響くため、広告宣伝の必要がありません。フェラーリが大々的に宣伝されている光景を見た人はいないでしょう。当然ながらフェラーリは高級車ですから、欲しいと思った人が全員購入できるわけではありません。一定の財力を持つ富裕層でなければ、購入や維持は難しいはずです。しかし、購入希望者は後を絶ちません。これも高付加価値、高価格の商品が持つ特徴です。

では逆に、低付加価値、低価格の車種と言えば、コンパクトカーや軽自動車が該当するでしょう。自動車に対するこだわりは強くないけれど、生活に必要だから購入するという層に選ばれる車です。もちろん、小回りが利く、燃費がいいなどの理由で、ファン化している人もいるかもしれませんが、フェラーリオーナーほど熱狂的ではないのが現実でしょう。コンパクトカーや軽自動車は、安価であることに価値があります。維持費も低く抑えられるため、支持者となるのは、その部分を望む層です。それなりの価格で、それなりの機能があり、何より「普通に乗れればいい」と考える人が多いですから、シェアはかなり広いでしょう。ですが、この層を押そうとするなら、宣伝し続けなければなりません。こだわりが薄いぶん、すぐに違う自動車に目移りしてしまうからです。

同じことは、ファッションブランドにも言えます。高付加価値で高価格といえば、ハイブランドを思い浮かべるでしょう。「エルメス」は商品だけでなく、箱やパッケージにまで価値を感じる人が増えています。また、今やエルメスは「買えないブランド」になりつつあります。エルメスの実店舗では購入できないことも多々で、商品を購入できたら運が良いというようなイメージが定着しました。エルメスも大々的な宣伝活動は不要。ターゲット層が読むファッション雑誌やウェブ記事に登場することはあっても、CMが流れることはありません。

逆の低付加価値､低価格のアパレルの代表となるのは､｢ファッションセンターしまむら｣でしょう。衣料品のチェーンストアであり、多品種少量販売で売れ行きを伸ばしています。Instagramなどでは、しまむらの商品を紹介するアカウントが多数見受けられます。「しまパト」という言葉もあり、熱心なコア顧客を持つことでも知られています。しまむらはCMなどの広告戦略が熱心で、低価格商品を取り扱っているため、押し続けなければ売上につながりません。

また、高付加価値でありながら低価格と言えば、ニトリやアイリスオーヤマになるでしょう。ニトリは「お値段以上」と銘打っていますが、それにふさわしい商品展開で多くのファンを持ちます。また、アイリスオーヤマも、技術やデザイン、性能が良いのに、驚くほど安価です。もしかしたらこの層に属する商品やサービスがもっとも価値があるのかもしれません。低付加価値でありながら高価格の商品は存在しないはずですが、詐欺商品はこの部類に入ります。

例外となるのが、化粧品やコンサルティングです。これらは価格を上げることで、商品やブランドの価値を上げるもの。化粧品やコンサルティングは、価格が高いと効果も高いと考える人も多いです。セミナーだと、千円のセミナーと1万円のセミナーなら、どちらが得るものが多いと感じるでしょうか。内容を知らないのに、なぜか1万円のセミナーは価値を得られると考える人が多いはずです。また、無料や低価格のセミナーは、主催者に魂胆があるのではと疑い、参加しないということもあるかもしれません。

このコーンマーケティングの概念を知っておくと、価格を決めやすくなるはずです。アーキタイプを決め、世界観を設定し、最後に価格を検討するという順番で進めていくといいでしょう。価格については、常に見直すことをおすすめします。実際、ニトリやアイリスオーヤマは、低価格のまま高付加価値をつけようと動いています。このような企業の姿勢こそが付加価値であり、お客様本位の本質と言えるでしょう。ニトリやアイリスオーヤマのスタートは、低付加価値、低価格でした。しかし、両社は企業努力で、高付加価値を提供する企業になりつつあります。それだけでなく、売上を順調に伸ばし、ブランド価値も向上しています。お客様は安心して商品を購入できますから、両社のもたらす価値はまさしく高いと言えるでしょう。

売上を上げるために必要な要素

世界観を設定したら、言葉やデザインに翻訳することで、ブランドをどう表現すればいいかが理解できたかと思います。しかし、実はまだ取り組むべきことがあります。例えば、職場で「容姿端麗な俳優や女優は誰か」という話題が出たとしましょう。おそらく、各年代で挙がる名前は異なるはずです。また、シニア社員の挙げた女優を知らない若手社員に、その女優の容姿がいかに素晴らしいかを伝えようとしても、それはかなり難しいことだと実感するはずです。「小顔」「上品」「清楚」のような文言を並べても、若手社員はその美しさを具体的にイメージすることはできません。

自社ブランドの素晴らしさをお客様に伝える時に、同じ現象が起こります。いくら言葉を尽くして伝えたとしても、お客様がリアルにイメージするのは難易度が高いと心得ましょう。

ここで大切なのが、ブランドのアイデンティティを表現することです。ブランドアイデンティティとは、ブランド独自の価値を一言で表したもの。ブランドの根幹とも言える部分です。ブランドアイデンティティが確立されれば、自社ブランドや自社商品が広がるのは容易でしょう。お客様の口コミでも一言で表現できるようになりますから、伝わりやすくなります。

ブランドを言葉やイメージで表現するのは難しいですが、ブランドを構成するひとつひとつのエレメント（要素）を説明できたら、より具体的に世界観を伝えることができます。ブランドエレメントとは、ブランドのアイデンティティを表現するもので、これを抜きにブランドを表現することはできません。ブランドエレメントは複数の要素で成り立つもので、エレメントは６個ほど必要だと言われていますが、私は20個程度あるほうがいいと考えています。その中の2〜5個がコアエレメント。ファーストアーキタイプだと考えてください。コアエレメントに少しずつ肉付けし、増やしていくのです。

ブランドエレメントは1つの言葉で表現し、それ以外はビジュアルで補います。ビジュアルにはたくさんの情報を入れられますから、上手く活用しましょう。例えば、「優しい企業」というイメージで展開したいなら、優しさを感じさせるキャラクターを使うといいですね。日本や外資系の保険会社では、かわいさや親しみやすさを感じさせるキャラクターを採用しています。オリジナルキャラクターのこともあれば、スヌーピーやシナモロール、ハローキティ、ディズニーのキャラクターを登用している会社もあります。いずれも優しくて愛らしく、安心感を与えるキャラクターばかり。これは、難解で敷居が高いと思われがちな保険会社のイメージを緩和するための戦略です。保険商品の内容や商品構成のみをアピールすると、どうしてもビジネスライクな冷たさが出てしまうため、それを和らげるために親しみや温かみを感じさせるキャラクターを採用しているのです。

同じ金融機関でも、銀行は少し異なります。銀行のCMや宣伝材料には、スーツを着た男性もしくは女性を起用しています。いずれのモデルも、カメラをしっかりと見据え、爽やかな笑顔を浮かべています。モデルから受ける印象は、誠実で仕事ができそうというもの。派手さや華麗さなどは感じさせず、いずれの広告も落ち着いた印象を与えています。これは、銀行がそのようなイメージお客様に持ってほしいから。人様のお金を扱う機関ですから、何よりも大切にしたいのは誠実さや真摯さです。そのため、それを全面に感じさせつつ、自転車などの小物を使って程よい親近感をプラスして、ブランドエレメンツを増やしているというわけです。

金融機関以外では、ミシュランのタイヤやイエローハット、ダンディハウスなども顕著です。ミシュランはブランドの核となるのが「親しみ」ですから、あえてカッコ良く見えないような演出をしています。イエローハットは「黄色」をフレキシブルに使い、不思議なCMを展開しています。イエローハットという企業は知っているけれど、事業内容は良く知らないという人もいるかもしれません。ターゲットも一見ではわかりにくく、CMや広告宣伝物のコンセプトも一貫性がないように思いますが、それでも人の記憶にはしっかり残り、順調に売上を伸ばしています。ダンディハウスは、CMにセクシーさを感じさせる男性を使っています。男性もスキンケアやメイクを楽しむ時代ですから、メンズエステの需要は伸びる傾向にあります。ダンディハウスに行けば、モデルの男性のようになれるとイメージしやすく、記憶にも残るでしょうから、上手い戦略と言えるでしょう。

自社ブランドに足りない部分や、表現したいけれどし切れない部分を、モデルや色、素材などが補ってくれます。例えば、朝日。夜が明けて少しずつ昇る太陽に、悪のイメージはありません。朝日を見ると、「ここからスタートする」という爽快な気持ちになり、気持ちも軽やかになるはずです。ということは、ビジュアルに朝日を使えば、お客様に爽快さや物事が始まる新鮮さなどを伝えることができるということ。ビジュアルの伝える情報量は本当に多いのです。

人間のモデルを使う場合は、表現したいことや場面設定によりモデルの視線を向ける先にもこだわりましょう。基本は、モデルの視線はカメラに向けられていることで、誠実さを感じさせ、見る人に訴えかけているように感じさせています。しかし、家族団らんを演出したい場合や、複数の人物を登場させる場合は、カメラから視線を外しましょう。そのほうが、日常をリアルに感じさせることができます。

デザインは、それ自体に意味がないと廃れてしまいます。和服や民族衣装は同じ型でも古臭さを感じませんが、それは型自体に意味があるから。単に新しい、古いで振り分けられるものではないからです。そのため「古い」という表現は使わず「レトロ」や「歴史がある」という感じで表現します。

このように、アーキタイプを決めることでブランドエレメント、そしてアイデンティティが決まり、ビジュアルを決めることで様々な表現ができるようになります。

次の章は、いよいよマーケティングの実践です。アーキタイプからどのようにマーケティングを展開していくのか、事例を紹介しながら説明していきます。

第6章　マーケティング実践

ここまではイメージ戦略をメインに話してきましたが、この章では実際に商品やサービスを販売するための実践方法についてお伝えしていきます。あなたが考えたこと、イメージしたこと、また感覚を実践に移していくのです。

マーケティングシーン

シナリオの中に配置した主人公に対して、どのような問題提起をすれば効果があるのかについては、アーキタイプを軸に決めてきました。主人公の潜在的なアーキタイプと、企業側のアーキタイプも合っているはずです。となると、主人公は企業が用意したシナリオ、つまり企業側の提案した契約や解決策に乗ってくるということ。

ユーザーが持つ何かしらの問題に対して、企業側が解決するための策を提案し、「この道順で進めたら望む結果が得られる」という、大まかな流れとシーンを表現するのが、「マーケティングシーン」です。問題解決の内容に関して、せっかく提案したとしても主役がイメージできなければ、その案に乗ってくれることはありません。まずは大まかなイメージでいいので、主役にとってわかりやすいシナリオを準備しましょう。用意したシナリオの要約であるプロットを主人公に読んでもらい、そして内容を把握し、納得してもらうのです。

マーケティングシーンは、4つ程度の塊があると考えてください。各シーンをイメージしながら問題提起をして、解決までのルートマップを作ります。マップは、どのように主人公が進んでいけばいいのかを示すもの。入口となるのは何か、解決策をどのように掲示して知ってもらうのか、分岐前や直前の案内看板はどうするのか。そういったポイントを決めていきます。しかし、これらはルートに沿った接点でしかなく、主人公がルート通りに進んでくるとは限らないことも覚えておきましょう。

例えば、ホームページ。ホームページとは、企業や自社ブランドのサイトの拠点となるページのこと。ここから各ページに移動するため、トップページを「玄関」に例えることもあります。しかし、お客様は常にトップページから入ってくるわけではありません。何かしらのキーワード検索でオンラインショップページにいきなりアクセスすることもあれば、ブランドコンセプトを紹介するページから入ってくることもあります。最初にアクセスしたページを見て興味を持ったら、プロフィールページやオンラインショッピングページなども見てもらえるという流れです。

これが最初の接点、企業や商品、ブランドとお客様になるかもしれない人が出会う場。マーケティング用語でいう「タッチポイント」になります。当然ながら、トップページをはじめ、他のページ全てに整合性が取れていなければなりません。また、ホームページと実際のブランドイメージや商品がズレていると、同じブランドなのか、探した店なのかが、お客様にはわかりません。トップページから入ったらブランドイメージとマッチしていたのに、ショッピングページにアクセスしたらまったく違うイメージになってしまうと、お客様は戸惑うばかりでしょう。そうならないようにするには、世界観を統一し、それを維持し続けることが必要になります。ホームページで言えば、どのページにお客様がアクセスしてもいいようにしておくこと。それは、お客様をお出迎えする準備でもあると意識しましょう。

マーケティングシーンを設定し、マップを作り上げるには、タッチポイントについて深く理解する必要があります。

タッチポイントの整備

「タッチポイント」については、第1章の「キャラクター設定」のところでもお伝えしましたが、ここではマーケティングの実践という角度から改めてお伝えしましょう。タッチポイントとは、企業やブランドがお客様に何らかの影響を及ぼすあらゆる情報接点のこと。商品やサービスの認知、お客様との関係性を深めるための場所や機会、ツールなど全般のことを指します。出会いのポイントは様々ですが、大きく分けてオンラインとオフラインの2つに分類することができます。

○オンラインのタッチポイント

パソコンやスマートフォンから、インターネットを介して接触するタッチポイントのこと。お客様と直接接触するわけではないため、時間や地域に縛られることがありません。また得られるデータを可視化し、活用しやすい側面もあります。一方で、口コミのように企業側のコントロールが及ばないタッチポイントも存在します。

例）公式ホームページ、SNS、Web広告、ECサイト、口コミサイト、ブログ、メールマガジン、ランディングページ、Web記事など

○オフラインのタッチポイント

紙媒体や、お客様と直接関わることで生じる接触のこと。お客様と直接コミュニケーションを取ることができるため、相手に印象を残しやすく、ファン化しやすい側面を持ちます。とくに対

面は相手の反応や感情を察知しやすいため、的確にニーズを捉えることにもつながりやすいです。ただし、戦略によっては広告費や人件費などコストが高くなることも考えられます。

例）実店舗、雑誌や本、電話、メールやDM対応、展示会、講演会、セミナー、コンサル、チラシ、パンフレット、カタログ、営業対応、アフターフォローなど

タッチポイントが増えるということは、それだけ多くの人の目に留まり、チャンスが増えるということ。品質や機能、デザインが優れた商品やサービスを作っても、購入してもらわなければ事業として成立しません。そのためにも、タッチポイントが欠かせないということです。各タッチポイントには特徴があり、広く認知されるための宣伝に向くタッチポイントもあれば、ターゲットを絞り印象を残すタッチポイントもあります。それぞれのタッチポイントについて特徴やメリット、デメリットを把握したうえで、目的に沿った戦略を考えましょう。

お客様は、企業やブランド、商品に対して、どこから接触してくるかわかりません。オンラインのタッチポイントが最初と言う人もいれば、たまたま手に取ったパンフレットで興味を持ったというケースもあります。どのタッチポイントから接触があるかは、企業側にはわかりません。ですから、主人公を企業やブランド、商品に誘導するためにルートマップを作るのです。SNSでブ

ランドを知り、興味を持ったお客様が店舗に行ったのに、イメージを損なう対応をされた、店舗の内装がイメージと違った、というようなことは間違ってもあってはなりません。あるいは、パンフレットで商品を知り、公式ホームページにアクセスしたら、思っていたイメージとかけ離れた言葉が並んでいて見る気が失せた、というようなことも避けるべきです。

「バーバル」と「ノンバーバル」という言葉を聞いたことがあるでしょうか。一般的にはコミュニケーション手段のことを指しますが、マーケティングにおいても活用されています。バーバルは、会話や文字、印刷物など、言語的なコミュニケーションを指し、一方のノンバーバルは「非言語」という意味です。ノンバーバルは言語以外で意思疎通を図りますが、具体的には顔の表情や声の大きさ、トーン、視線、ジェスチャー、五感などが含まれます。言語の代わりにこれらを駆使して表現し、相手のことを感じ取ろうとする行為で、意外にもノンバーバルのほうが得られる情報量は多め。相手に敏感に感じ取られることも多いため、注意を払う必要がある側面も持ちます。

もちろん色やデザインも、ノンバーバルに含みますが、色はとくに情報量が多いと言えるでしょう。例えば、ハイブランドのエルメスオレンジ。あの独特なオレンジカラーが与える情報量は、なかなかの多さです。あのエルメスオレンジを使った箱を見るだけで、テンションが上がる人もかなりいるのではないでしょうか。もちろんブランド側にとっても、得られる効果は高いはずです。そういう意味においても、タッチポイントはとても多く多角的です。ブランドイメージを正確に伝えてくれる要素もありますが、しっかりと統一されていないといけません。たまに店舗によってカラーが異なる、店構えが違うブランドがありますが、それはお客様に混乱を招いてしまいます。大手企業であれば広告を使って消費者に知らせることもできますが、中小企業や個人の場合は、避けるほうが無難です。

とくにメインカラーは、徹底して統一することをおすすめします。カラーで強いのは、赤色です。実は各業界のトップ企業は、こぞって赤をメインカラーにする傾向がありますが、これは赤色の誘目性が高いから。赤は非常に目を惹きやすいカラーで、次は青色、黄色の順で強いとされています。コーポレートカラーやロゴは、この3つの色を採用している企業やブランドが多いです。

色から与えられる効果は、各色で異なります。赤を見たら元気が出ると感じたり、行動的な気持ちになったりするのではないでしょうか。青には冷静で知的、誠実さなどのイメージを持ちます。黄色は明るさやユーモアを感じさせるでしょう。色の持つイメージや効果を意識して選ぶことで、ブランドに統一感が出せるはずです。

　ここで避けたいのは、各タッチポイントで差異が生じること。そのため、制御は少人数が適しています。大きな会社なら少人数（２～３人）、中小企業であれば1人で担うのがいいでしょう。責任は重大ですが、感覚のズレは微細なところで生じるもの。言語化しにくい部分でもありますから、それを防ぐことが重要です。

　タッチポイントをどこまで網羅できるか、それが不安と思う人もいるかもしれませんが、コーンマーケティングを経ていれば、ある程度はわかるはずです。高価格、高付加価値の商品であるなら、それを好む人が読みそうな冊子や雑誌などに掲載する必要があります。安価な商品ばかりを特集した雑誌に載せても、当然ながら反応はありませんし、ブランドイメージ自体も下がってしまうでしょう。逆に言えば、低価格で高付加価値の商品を掲載する雑誌も選ばなければなりません。

　タッチポイントは、決定した設定がブレないように意識しながら、展開していきます。広告を使うのであれば、媒体により載せる商品のサイズや大きさを変えましょう。ページの規制に合わせる必要はあるかもしれませんが、設定自体は大きく変えず、原形を維持してください。これがタッチポイントの整備であり、これができるかどうかで、様々な成果が変わると考えましょう。

　もし少し冒険したい、少しだけ方向性を変えたいという場合は、サードやフォースのアーキタイプを入れるといいですね。タッチポイントの設定や作成には、様々な人が関わるはずですから、ファーストやセカンドのアーキタイプをずらさないよう、しっかりと情報共有を行い、責任者が制御するようにしてください。また、外注する場合も同じです。各依頼先にイメージをしっかりと伝え、加えてアーキタイプをズラさないよう明確に説明しておきましょう。

マーケティングシーケンス

ユーザー行動の順番を条件立てて決めることを、「マーケティングシーケンス」と言います。シーケンスとは、「連続」「順序」の意味。例えば若い女性をターゲットとする商品を販売している会社がタッチポイントの分析をしたところ、Instagramの反応が良いことがわかりました。入口となるのも、Instagramが多いようです。ということは、最初のタッチポイントはInstagramになるということです。ならば、次のタッチポイントとなるのは何か、それを組み立て順序良く処理をしておかなければなりません。ここで大切なのは、ユーザー視点で考えること。これまでとは違う視点で考えることで、それまで見えていなかった課題が可視化され、改善につながるケースもあります。マーケティングシーケンスは、消費者の行動を時系列で見て状況を捉え、分析する手法ですが、それをタッチポイントで活かせば、より効果的なマーケティングになるはずです。

Instagramが一番流入の多いタッチポイントで、そのまま申し込みをする人が多いなら、それを変える必要はありません。しかし、実際はそのようなことはあまりないのが現状でしょう。最初のタッチポイントから、どのようなルートで購入に至るかは、企業側で考えます。様々なテストを行い、データを集めた上で判断し、パターンを3つ程度作りましょう。パターンの例を紹介しますので、参考にしてください。

○最初のタッチポイントがInstagramの場合
Instagram→公式LINE登録→店舗
Instagram→ランディングページ→購入サイト
Instagram→ショップサイト→メルマガ登録

上記はあくまでも例ですが、このようなイメージでパターンを考えるといいでしょう。飲食店などは、Instagramから直接来店されるパターンもあります。物販であれば、Instagramからランディングページに飛ぶ、あるいは直接オンラインショップに飛んで購入という流れもあるでしょう。

公式サイトに送ると良い反応を得られやすいのですが、それがマッチしないのは、新製品や新商品、新サービスです。いきなりサイトに送ると逆効果ですから、注意してください。この場合は新しい商品やサービスについて理解してもらわないといけませんから、ランディングページに導入しましょう。しかし定番化商品や既存商品、サービスについては、いきなり公式サイトに送ってかまいません。また、年代によっては、Facebookに送る、YouTubeに送るという方法もあります。そこについては、商品やサービスとSNSの相性がありますから、その点はしっかり見極めてください。

タッチポイントのリレーションシップ

営業を経験した人であれば、「リレーションシップ営業」についてよく知っていることと思います。「リレーションシップ」とは「関係」や「つながり」、「結びつき」を意味する英語で、日本でも使用頻度の高いカタカナ語として定着しています。個人同士、あるいは企業同士の信頼関係を示し、お互いの間に生まれる関係性を表す際によく登場する言葉です。ビジネスだけでなく、何かしらの関係性を構築するには、信頼は欠かせない要素。相手と良好な関係性を築くことで、長期的な関わりを生み出すことにつながります。「リレーションシップ営業」は、個人のお客様や企業等の取引先に対して、単に製品やサービスを売り込むのではなく、良好な関係性を築きながら信頼を獲得することを優先します。そのために相手と長期的に関わりながら、パートナーとして相手が抱える課題や問題を解決するための提案を行うわけですが、そこには共感や理解が欠かせません。この営業スタイルで得られる利益は大きいため、マーケティング分野でも導入する企業が増えています。この概念を取り入れたのがタッチポイントのリレーションシップで、売り込むことで商品やサービスの市場シェア率を高めるのではなく、お客様や取引先との関係性を深めることに主眼を置いています。共感や理解を示しながら相手との関係性を築き、リピーター化や口コミ、ファン化を狙っており、リレーションシップの構築には小さな接触点、つまりタッチポイントを増やすことが欠かせません。

営業の神様と呼ばれるジョー・ジラード氏は、世界一自動車を販売した営業マンとして知られています。彼の実績はギネスにも登録されていますが、彼は、「つながり」を重視し、一人ひとりのお客様を徹底的に大切にしました。それを証明するエピソードの1つが、顧客に毎月手紙を書いたこと。その数は年間1万6千通にも及んだと言われています。また、新規に販売するよりも既存客のアフターフォローに力を注ぎました。いわば彼は、小さなタッチポイントを増やし、顧客とまめに接触しながら、強い関係性を築き上げることに尽力したというわけです。

自動車は、どの販売店で購入しても同じものを手に入れることができます。価格が大きく変わるということもありません。ならば、どこで購入を決めるのか。それは「売る人」なのではないでしょうか。これは、自動車に限ったことではありません。とくに、高価格帯の商品は「誰から買うか」を重視して選ぶ人が多いと思いますが、そこで生きるのが「リレーションシップ」でしょう。

そのための共感価値を共有するには、アーキタイプが必要です。アーキタイプがあることで、違和感やズレを覚えにくくり、さらには同じものを「良い」と感じる人が集まるため、ユーザーの満足度が上がります。商品やサービスは、全てアーキタイプに沿ってお客様に対する働きかけをするからこそ、お客様と感情的なつながりを増やすことにもなるのです。

具体例を紹介しましょう。ベンツやBMW、ポルシェなどの高級車を好む人は、各メーカーが非売品として用意するグッズを非常に好む傾向があります。エンブレムのついた傘や水筒、タンブラーなどをプレゼントされ、それがファン化につながることも珍しくありません。また、ベンツの非売品タンブラーをプレゼントされたオーナーが、それを別の人にあげたところ、それをもらった人がベンツのオーナーになったという話もよく耳にしますが、これもタッチポイントのリレーションシップが成せる技。直接営業をしているわけでもないのにファンが増えるのは、アーキタイプが一致しているからこそ。これはパンフレットを直接渡す、商品を実際に見てもらうと言った直接的で強い刺激とは異なり、間接的で弱い刺激を与えるわけですが、それでもお客様は反応します。大切なのは、タッチポイントで何かしらの刺激をすること。それがないと、お客様は反応すらしません。刺激を与えたら、あとは反応を待つ、これを繰り返していくことが重要です。

どのような刺激をどのタッチポイントで与えるかについては、商品やサービスのアーキタイプごとに考えるのがいいでしょう。お客様を集めて非公開のセミナーをする、何かしらのレッスンを行うといったリレーションシップを実施している企業もあります。そのセミナーやレッスンは、自社商品やサービスとまったく関連はありません。「お客様に喜んでほしい」という思いで実施するからこそ、さらにリレーションシップが深まるのです。

商品やサービスを性能や機能の高さで売ろうとすると、高いほうが勝つことになります。また値段の安さで勝負すると、より安価なほうに流れるでしょう。しかし、「リレーションシップ」という売り方をすれば、それは次につながります。この違いをしっかりと把握できれば、ファン化は難しくありません。

リレーションシップでは、「カスタマーサクセス」という言葉をよく使います。これは、自社の商品やサービスを利用するお客様を、成長や成功へと導くことを指します。単にお客様の要望を満たすだけにとどまるのではなく、企業側が能動的にアドバイスやサポートを実施することで、カスタマーサクセス（お客様の成功体験）が成り立ちます。お客様が成功体験を得るまでには、「探す」「見つける」「比較する」「購入する」といったストーリーを経ることになりますが、これはマーケティングシーケンスとよく似た考えのため、同じものと考えていいでしょう。

購入後もリレーションシップを持ち続けることは、長期的な信頼関係の構築につながります。お客様をサポートしながら、良い状態の満足を得てもらうには、関係を維持しながら能動的に働きかけることが欠かせません。そのためには、アーキタイプでお客様を深く理解し、共感を持つことが求められます。

トリガーの重要性と設定

トリガーとは「引き金」や「きっかけ」を意味する言葉です。ここでいうトリガーとは、ユーザーが行動を起こすきっかけになることを指します。例えば、空き時間にSNSを閲覧していて、たまたま目に入った広告で興味を持ち、結果的に商品を購入したとします。この時に広告を目にしなければ、このユーザーは商品について知ることすらなかったかもしれません。トリガーは、各シーンをスタートさせるきっかけになること。映画などでは、カチンコを使って撮影をスタートさせますが、それと同じだと考えていいでしょう。

ストーリーとしては、ホームページにアクセスしたユーザーがいたとして、そのユーザーにどんな行動をしてもらいたいか、ということです。もちろん最終的な目的は購入ですが、すぐにそれはできません。高額商品であれば、より商品やサービスについて知ってもらうための、パンフレットや資料の請求につなげるのがいいかもしれません。あるいは、電話で問い合わせをしてもらい、相談を受けるのもいいでしょう。その次の行動を促すような表現を仕掛けることが大切です。高い効果があるとされているのは、ホームページ上に「あと何分」と表示を出すこと。テレビショッピングなどで「あと30分で申込みは締切」と同じように、行動を急かす効果を持つでしょう。これは極端な例ですが、ホームページにアクセスしてくれたということは、少なからず興味があるということ。利用を考えている人もいるはずです。ホームページに訪れてくれた人が迷うことのないよう、次に何をすればいいのか、正解を指し示さなければなりません。そうすることで、「次はこうすればいいのだな」という、ユーザーが進むべき流れの把握にもつながります。つまりトリガーの設定は、ユーザーに行動を起こしてもらうためのポイントを作ることです。

トリガーを設定するには、まずお客様にとってほしい行動を決めることが重要であり、その行動を促すような仕掛けを導入します。店舗に来店した人や、ホームページにアクセスした人、SNSを見てくれた人に、何をしてもらいたいかを考えます。QRコードから公式のマイページにアクセスしてもらうのもいいですし、無料のセミナーに招待するのも1つです。大切なのは、このトリガーを大々的に伝えること。行動してほしいシーンを様々なところから知ってもらい、トリガーを仕掛けるのです。

私のお客様の例をお話ししましょう。そのお客様はカフェを経営しているのですが、思うように売上が伸びずに悩んでおられました。状況を確認すると、似たようなメニューが複数あります。また、お客様が売りたいメニューの注文数は上がらない状態が続いていました。私が提案したのは、まず現状を正しく知ることです。その状態のまま1か月過ごしていただき、実際にどのようなメニューが売れているのか、利益はどれくらいなのか、利益率はどうなのかのデータを取り可視化しました。それにより、お客様はイメージと違う結果を知ることになります。そこで改めて、仕入れ値の高さや、売れ筋メニューがないことに気づかれました。また、来店客数を時間帯ごとに割り出したところ、夜の時間帯の客数が極端に低いことが判明します。ということは、夜に出すメニューが弱いという見方ができます。昼の時間帯については、来店客数はある程度あるものの、回転率の低さが目立ちます。これは、注文品を出すまでの時間が長いのかもしれません。

これらのことが判明したため、メニュー全般の見直し、作業効率の改善を行うことになりました。まずメニューの全体数を減らし、おすすめメニューを作りました。メニューを減らすことは、作業効率や仕入れ値の見直しにもつながりますから、このカフェの場合は効果的でした。また、複数店舗を持つカフェだったので、各店舗のブランドイメージ統一を徹底しました。それまでは各店のカラーが出過ぎてしまい、違う店舗のように見えていたのです。

おすすめメニューを作ったのは、メニューが多いと迷うお客様が多いから。何を食べるか考えるのが嫌な人、時間がない人はたいていおすすめメニューを選びますが、これはお客様が考える負担を軽減することにつながるのです。これらを実施したところ、作業にかかる時間は半減し、ロス率も大幅に低下。そして利益が大幅に上がりました。

トリガーを設定しても、それが全員に響くことはありません。あれだけのファンを持つジブリやディズニーでも、全員の心に響く作品を生み出すことはできないのと同じです。さらに言うなら、みんなの心に響かせたいと考えて生み出すものは、誰の心にも響かないということ。つまり、それでは売れません。いろいろな人に買ってもらいたいからと、全員をターゲットにしてはいけないということです。

これを適切に行うには、コーンマーケティングが役立ちます。自社の商品やサービスの現在地を知り、目指すところを把握しながら、トリガーを設定するようにしてください。

最終章では、本章まで紹介したことを取りまとめ、ワークシートを使用しながら実際に考えていただきます。自社や自社ブランドが考えるべきことは何か、流れに沿って一緒に確認していきましょう。実際に書き出していくので、仲間に共有できるくらいのレベルの内容が完成するはずです。これまで紹介したことも随時振り返りをしますので、とくに気になる章があれば、再度内容を確認しておいてください。

第７章　自社での戦略実行

いよいよ最終章ですが、ここでは前章までにお伝えした全てのことを振り返りながら、実行に移す準備をしていただきます。主人公が誰か、まだつかめていない人もいるかもしれませんが、予行練習と捉え一緒に書き出していきましょう。まずは筆記用具を準備してください。記入用資料を見ながら、ステップごとに大きな流れを見ていきます。

戦略実行をステップごとに見る

Step 1：主人公は誰？

最初に考えるべきは、主人公は誰かということ。お客様となる人は大きく分けて2種類あります。「ダイレクト」とは、直接取引をする人のことで、美容院やサロンに美容機器を販売するメーカーであれば、そのお店が対象になります。「インダイレクト」は間接的という意味があるので、この場合は美容室やサロンを利用されるお客様を指します。これを踏まえ、自社の商品やサービスの対象となる主人公を書き出します。

Step 2：主人公は何を手に入れることができるか？

自社の商品やサービスを通し、主人公が手に入れることができるのは何かを書き出しましょう。これは３つのベネフィット（機能的・情緒的・哲学的）に基づいて考えます。この段階で書き出すことが思い浮かばない人がいるかもしれませんが、何とか書こうとすることが大切。数は少なくても構いません。ただし、ベネフィット全てに対して、１つは書き出すようにしてください。

Step 3：自社のアーキタイプを決定

本決まりではなく、仮決定としても問題ありません。アーキタイプは、ファースト、セカンド、サード、フォースの４つから成るもの。このうち基本となるファースト、補足をするセカンドの２つが軸となります。これは決定したら、変えてはいけません。しかし、サードやフォースは状況や環境、時代に合わせて変化させるのもいいでしょう。

アーキタイプの決定においては、アーキタイプマトリクスを活用してください。資料の説明にもあるように、アーキタイプのレベルを10段階で表します。中心から外にいくものほど、強く表現したいこと。選んだ４つの強弱は確実に差をつけるようにしましょう。このマトリクスが綺麗なダイヤの形になるのはNG。４つの要素が同じ数値にならないように、10、８、６、４というように差をつけて、しっかりと順位をつけておきましょう。差がないということは、表現がどっちつかずになるということですから、その点を意識するようにしてください。

Step４：競合他社のアーキタイプを検証（３つ程度を推奨）

いくつかの企業をピックアップし、表に書き出してみてください。自社のアーキタイプを決めるのと同じように、ファーストとセカンドは固定、サードとフォースは変化します。この検証は3社程度するといいでしょう。もし重複する企業や、同じアイテムを使っている企業があれば、それについては変更を考えます。相手のシェア率がすでに高い、大手企業などの場合は、こちら側が不利になります。

また、何十社も検討することもおすすめしません。多く分析すればするほど、無意識に真似てしまうことがあるからです。

Step５：主人公のアーキタイプパターンを作成

見込み客となる人をイメージし、重要な順に記入していきましょう。この時に、自社のファーストアーキタイプ、あるいはセカンドアーキタイプは、主人公のファーストあるいはセカンドアーキタイプと一致させなければなりません。アーキタイプが決まれば、次は主人公の行動やビジュアルイメージを書き出します。

キャラクターは、ユーザーが取る行動で決まるとお伝えしました。行動があるからこそ、「この人は勇敢だ」や「この人はユーモアがある」ということがわかります。それらを踏まえ、主人公がどのような行動をとるか、サードやフォースの要素も入れながらイメージしていきましょう。

Step 6：主人公のベネフィットと企業が提供する価値の共有

ここについては、複数人で意見を出し合うといいでしょう。ベネフィットを３つの視点から考え、メリットやデメリットを考え言語化します。出た意見やアイデアはカードに書き出し、記録していきましょう。あとで同じ系統の意見を集約してまとめ、グループ分けをしておきます。商品やサービスによっては、企業が提供する価値の中の「自己表現価値」がないものもあります。例えば、トイレの掃除用具。トイレの掃除用具に自己表現を求める人はおそらくいません。ない場合は、飛ばしてOK。あとの３つをしっかりと出すようにしてください。

Step 7：物語の流れを創る

①現状把握

自社の置かれている状況や市場動向など、事実を羅列していきます。昔話の『桃太郎』に例えて説明しましたが、桃太郎の場合は、鬼が村を襲うことで平和が失われているという事実が背景にありました。企業の場合だと、売れ行きが芳しくない、商品の新規参入を検討しているなど、今の状態を書き出します。

②敵の特定

競合他社の脅威や、緊急に対策することが必要になる問題などを書き出します。例えば法改正などで現状の製品では対応できなくなる、競合他社に出し抜かれるような形で先手を取られたなど、大きいと感じる問題を書き出します。

③解決すべき課題を明確にする

敵（課題）の中で、緊急に対応しなければならない解決すべき課題だけを書き出します。それにより、解決すべき課題が明確になるはずです。

④解決策の立案

課題をどのように解決できるかを書き出します。例えば別製品を開発すれば解決ができるかもしれない、部品を足せば法律をクリアできるなど、課題を解決するための具体案を書きましょう。

⑤準備（試練）

上記の解決策を実行するために必要なものは何か、自力のみで取り組めることなのか、他力に頼るとしたらどのような方法をとるのかなどを書き出します。不足があれば、それをどのように集めるのかについても書きましょう。

⑥実行支援（トリガー）

主人公が容易に実行するためのきっかけを考えます。最初にしてもらいたい行動は何か、それを促すトリガーとなるものは何かを書き出しましょう。トリガーは小さなステップであることを意識します。無料セミナーや安価な商品、サービスだと、主人公も行動を起こしやすいでしょう。次にどのような行動を促したいかでトリガーは異なります。

⑦解決策実行

ここまでに決めたことを、実行に移す段階です。

⑧検証

実行した結果を書き出します。結果がどうだったのか、失敗だと感じるところ、問題点など、思いつくことは全て書き出しましょう。

⑨再計画

結果を踏まえ、シナリオを見直しながら、再計画を立てます。失敗はするもの、と考えてください。一発OKはありません。桃太郎は1回の挑戦で鬼を退治しましたが、あれはフィクションだから。実際は何度もトライし、見直しをして再計画を練ることが必要です。

⑩再計画実行

再計画したものを実行します。

⑪整理

最初に考えた目的と、結果のギャップも書き出しましょう。次に何をするのか、そのままの状態でいいのか、見直すものとそのままでいいものの選別をここで行います。中には時間の経過による見直しが必要なものもあります。企業の規模が変わる、方向性が変わるなども影響するでしょう。基本的には、企業だと1～3年程度で計画するといいですね。大きくてゆるい計画、節目の計画、年単位の詳細な計画のようなパターンで考えるのもいいでしょう。これは商品やサービスにより変えても問題ありません。トリガーまでしっかりと考え、整理をしていきます。

Step 8：世界観の構築

映画で例えると、どこで撮影をするのかを考える段階です。ロケ地やセット、小道具などをどうするかを書き出しましょう。自社の商品やサービスが必要となる場所はどこになるでしょうか。そのイメージや世界観を言葉やビジュアルで表現しなければなりません。ビジュアルで表現するのは、プロでないと難しいことが多いため、依頼するデザイナーを探してみるのもいいと思います。言葉やビジュアルは共有することを意識し、考えてください。

Step 9：コーンマーケティングによるポジションの決定

マトリクスに自社の現状ポジションと、未来のポジションをプロットします。今は低価格、低付加価値にいるとして、目指したいポジションはどこかを考えてみましょう。基本的に高価格、低付加価値の商品は売れません。売上を上げたい場合は、高付加価値を目指すことになります。ならば、価格はどうするか。その辺りを仲間やスタッフとともに考えてください。

Step10：ブランドエレメントの設定

最低6個以上の言葉で、自社ブランドや商品、サービスを全く知らない人に説明し、理解してもらうことを意識します。言葉の表現を1枚の写真やデザインなどで置き換えられるようになると、認知はおのずと上がりますから、そこを目指します。ここはいったん文章で表現してください。これが書けない、言葉が思い浮かばないという場合は、自社の商品やサービスを理解できていないのかもしれません。あるいは、お客様がイメージできていないというケースもあります。ここでたくさんの要素を書き出すことができれば、キャッチコピーも自然と決まるかもしれません。また書き出した内容がビジュアル的なものばかりというなら、補う人物のビジュアルやキャラクターを考えるといいでしょう。

Step11：デザインコンセプトの設定

世界観のビジュアルイメージを言葉に変換します。あくまでも世界観を表すものであり、キャッチコピーとは異なりますので注意してください。また、商品やサービスのイメージとも異なります。デザインコンセプトでは、キービジュアルを考えます。キービジュアルとは、広告や宣伝などでメインとなるイメージ画像（絵や写真）のこと。キービジュアルを使うと、視覚的に印象を残すことができます。キービジュアルは、文字ではなく、直感的に見て覚えてもらいやすいものがいいでしょう。キャラクターやアイコン、全体的な色合いやデザイン、モデルなどを起用することが多いです。キービジュアルを有効活用すれば、他企業との差別化にもつながり、潜在的なお客様に印象を残すことも可能です。キービジュアルの考え方の例を紹介しておきましょう。

例）ブランド：ヘアケア商品
商品イメージ：アンチエイジング、髪の状態をキープする、永遠の美しさ

世界観：海
商品イメージ：人魚、波
キービジュアル：ライン（人魚の髪、DNAの螺旋、海のうねりをラインでつなげる）
デザインコンセプト：全体的な背景に人魚、DNA、波を連想させるものを入れる。

上記が決まったら、パッケージや広告デザインなどの全てにおいて、キービジュアルを入れます。これを軸として、様々なデザインやビジュアルを展開しますが、変化はつけても基本設定からズレることはしません。

Step12：タッチポイントの設定

ブランドや商品、サービスと接触するタッチポイントを設定します。タッチポイントにはかなりの種類がありますので、書き出して整理しながら決めていきましょう。準備すべきタッチポイントは資料で確認してください。タッチポイントは、お客様との大切な接触点です。ブランドや商品、サービスの世界観は維持しながら、ズレが生じないよう細心の注意を払ってください。タッチポイントの設定は、お客様にとってのマップを作るということにもなります。タッチポイントを検討したら、提供する物語を重視しながら、タッチポイントについて検討しましょう。

ここまでが、戦略実行の大きな流れです。記入用資料は埋まりましたか？　１人で取り組むのは難しいと思いますので、ぜひ自社のチームあるいは仲間とともに考えてみてください。

戦略実行を失敗しないために

これまで私が見てきた戦略実行の中で、もっとも失敗が起こりやすいポイントとなるのは、やはり「世界観のズレ」です。とくに、新規事業を立ち上げる、新領域に進出する、新商品を発売する、新しいタッチポイントを作るなどのタイミングで、ズレが生じるケースが多いです。また表現などに変化がほしいと感じる時も、注意しなければなりません。売上減少が続く、マンネリ化などを感じたら、何かを大きく変えなければならないのではと考えがちですが、変えるポイントを間違えてしまい、深刻なファン離れが起こることも珍しくありません。

また、デザインやビジュアルを変更する際に、デザイナーなどから「今回はコンセプトを変えて」のような言葉が出る場合にも、注意が必要です。表現方法やテイストではなく、コンセプト自体を変えてしまい、それまでのブランドイメージが崩れてしまうことが起こりますので、細かくヒアリングをしてください。何度も伝えていることですが、表現を変えるのであれば、触っていいのはサードやフォースのアーキタイプです。ここを少し変化させるだけで、テイストは変わり、新鮮味が出るかもしれません。ファーストやセカンドのアーキタイプは触らず、「当社のアーキタイプは、ファーストは探求者、セカンドは賢者」のように、絶えず伝え続けましょう。

ズレを起こさないためには、やはりブランドを統括する責任者を置くことが効果的だということもお伝えしてきました。中小企業だと、社長や役員が兼務することが多いでしょう。世界観を決めたら、世間の流行り廃りを気にし過ぎるのはやめます。世界観はモノトーンと決めたら、徹底してそれを貫きます。できる営業マンが「ビジュアル変更」や「コンセプト変更」を提案することがあったとしても、一時的なことで簡単に変更してしまうと深刻なファン離れを引き起こしてしまいますから注意してください。

記入用資料の最後に、ブランド管理者名を記入する箇所を設けましたが、その人が判断をする責任者です。その人を全面的に信頼し、アーキタイプやブランドの世界観統一を進めていきましょう。

ブランド、商品、サービスは、時代とともに絶えず変化していくもの。環境や状況、時代に左右されながら生き残りをかけて進むわけですが、何を変化させるか、何を維持するかの判断は、とても難しいのが実情です。しかし、どのような状況であっても、根幹となるものを変えてしまってはいけません。根幹となるアーキタイプや世界観を変えることは、主人公を間違えてしまうということ。この間違いは、致命的な未来につながります。

変化の激しい今の時代、他社との差別化を図り市場を取る、あるいは優位になるためには、ブランド力を高めることが欠かせません。ブランドとは、企業の独自性を打ち立てるための大切な要素であると同時に、お客様である主人公の人生を輝かせるものでもあります。共感する人たちが顧客となり、ファンが増えれば増えるほど、ブランド力は高まり、売上が伸びていくでしょう。また、主人公が口コミやSNSで広めてくれれば、新たな主人公がシナリオに乗ってくれるかもしれません。

しかし、ロゴやカラー、理念を変えるだけでは、ブランドを構築することにはならないことを知っておきましょう。これはブランド全体の、ほんの一部に過ぎないからです。本当に大切なのは、企業として、あるいはブランドとしての在り方を見つめ続け、お客様のために何ができるかを追求し、望まれるものを提供し続けることができるかどうか。それこそが、名実相伴うブランドや企業と言えるのではないでしょうか。本書でお伝えしていることは、その足掛かりとなるもの。ひとつひとつ取り組むことは時間と労力を要するかもしれませんが、強力な土台となりうることでもあると私は考えています。だからこそ、提供側は主人公を間違えてはいけません。

「主人公を間違えるな」

本書を通し、私がもっとも伝えたいことです。主人公は誰か、主人公が作り手に置き換わっていないか、時代や流行りに左右され、主人公が本当に望むことを見失っていないかどうか、常に確認していきましょう。そこに尽力してこそ、時を超えて愛されるブランド、商品やサービスに成長し、企業が存続する源となるのです。

■ 主人公は誰?

	記入欄
ダイレクト	
インダイレクト	

■ 主人公は、何を手に入れることができるか?

	記入欄
機能的ベネフィット	
情緒的ベネフィット	
哲学的ベネフィット	

■ アーキタイプマトリクス

四つの方向にある三種の候補から各一つを選び、そのレベルを1から10段階で選択。

外側に行くほど強く表現したいことを表す。選んだ四つの強さには必ず2段階以上の差をつける。

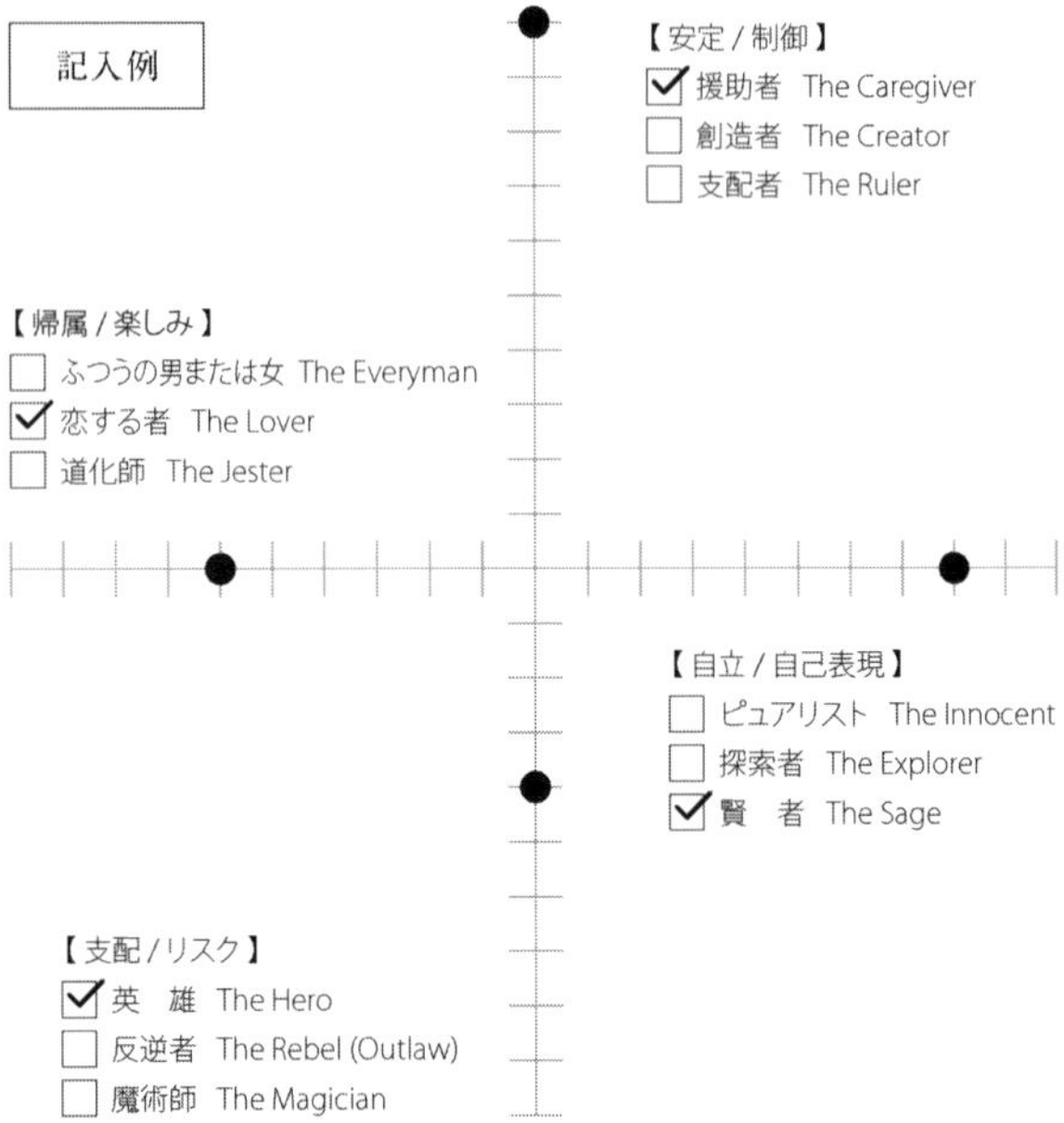

■ アーキタイプマトリクス

【安定／制御】
- □ 援助者　The Caregiver
- □ 創造者　The Creator
- □ 支配者　The Ruler

【帰属／楽しみ】
- □ ふつうの男または女　The Everyman
- □ 恋する者　The Lover
- □ 道化師　The Jester

【自立／自己表現】
- □ ピュアリスト　The Innocent
- □ 探索者　The Explorer
- □ 賢　者　The Sage

【支配／リスク】
- □ 英　雄　The Hero
- □ 反逆者　The Rebel (Outlaw)
- □ 魔術師　The Magician

■ 自社のアーキタイプの決定

	記入欄
ファーストアーキタイプ（固定）	
セカンドアーキタイプ（固定）	
サードアーキタイプ（変化）	
フォースアーキタイプ（変化）	

■ 競合のアーキタイプの検証　いくつか検証する

【競合のアーキタイプ 1】

	記入欄
ファーストアーキタイプ(固定)	
セカンドアーキタイプ(固定)	
サードアーキタイプ(変化)	
フォースアーキタイプ(変化)	

【競合のアーキタイプ 2】

	記入欄
ファーストアーキタイプ(固定)	
セカンドアーキタイプ(固定)	
サードアーキタイプ(変化)	
フォースアーキタイプ(変化)	

【競合のアーキタイプ 3】

	記入欄
ファーストアーキタイプ(固定)	
セカンドアーキタイプ(固定)	
サードアーキタイプ(変化)	
フォースアーキタイプ(変化)	

■ 主人公のアーキタイプパターンを作成

いくつか見込み客のイメージを重要な順に記入する。必ず自社のファーストアーキタイプかセカンドアーキタイプは、主人公の基本あるいはセカンドアーキタイプと一致している必要がある。主人公の各タイプについてビジュアルや行動イメージを行う。

【 主人公のアーキタイプ 1 】

	記入欄
ファーストアーキタイプ（固定）	
セカンドアーキタイプ（固定）	
サードアーキタイプ（変化）	
フォースアーキタイプ（変化）	
ビジュアルイメージ	
行動イメージ	

【 主人公のアーキタイプ 2 】

	記入欄
ファーストアーキタイプ（固定）	
セカンドアーキタイプ（固定）	
サードアーキタイプ（変化）	
フォースアーキタイプ（変化）	
ビジュアルイメージ	
行動イメージ	

【 主人公のアーキタイプ 3 】

	記入欄
ファーストアーキタイプ（固定）	
セカンドアーキタイプ（固定）	
サードアーキタイプ（変化）	
フォースアーキタイプ（変化）	
ビジュアルイメージ	
行動イメージ	

【 主人公のアーキタイプ 4 】

	記入欄
ファーストアーキタイプ（固定）	
セカンドアーキタイプ（固定）	
サードアーキタイプ（変化）	
フォースアーキタイプ（変化）	
ビジュアルイメージ	
行動イメージ	

■ 主人公のベネフィットと企業が提供する価値の共有

【 主人公のベネフィット 】

	記入欄
機能的ベネフィット	
情緒的ベネフィット	
哲学的ベネフィット	

【 企業が提供する価値 】

	記入欄
機能的価値	
情緒的価値	
自己表現価値	
社会的価値	

これらを記入するために複数人で意見を出し合うことも効果的です。メリット、デメリットを出し合い、それらをカードなどに記入し、同じ系統の意見を集約しながらまとめていきます。

■ 物語の流れを創る

1. 現状把握　自社の関わる市場の動向、置かれている現在の状態を記入。
（　　　　　　　　　　　　　　　　　　　　　　　　　　　　　　　）

2. 敵の特定　競合他社の脅威や緊急対策が必要な大きな問題を記入。
（　　　　　　　　　　　　　　　　　　　　　　　　　　　　　　　）

3. 解決すべき課題を明確にする。
（　　　　　　　　　　　　　　　　　　　　　　　　　　　　　　　）

4. 解決策の立案。
（　　　　　　　　　　　　　　　　　　　　　　　　　　　　　　　）

5. 準備（試練）　解決策を実行するために必要なものを考える。自力主体か他力主体か。
・現在持っているスキルや資源は何か。（　　　　　　　　　　　　　　）
・足りないスキルや資源は何か（　　　　　　　　　　　　　　　　　）
・足りないものを置き換えることは可能か、置き換えるものは何か（　　　　　　　　　　）

6. 実行支援（トリガー）　容易に実行するためのきっかけをつくる行動は何か？
・最初に行なってもらう行動は何か。（　　　　　　　　　　　　　　）
・行動を促すトリガーは何か。（　　　　　　　　　　　　　　　　　）

7. 解決策実行

8. 検証　解決策を実行した結果はどうか、問題点は何かを考える。
（　　　　　　　　　　　　　　　　　　　　　　　　　　　　　　　）

9. 再計画　脚本の見直し。

10. 計画実行

11. 整理　変化した現状を把握し、最初の目的とのギャップを検討。
（　　　　　　　　　　　　　　　　　　　　　　　　　　　　　　　）

■ 世界観の構築

どこで映画を撮影するのか?物語のロケ地をイメージする。海なのか、山か、都会か、室内なのか。自社の商品が必要となる場所をイメージする。この舞台を詳細にビジュアルとしてイメージする。

■ 見た目(雰囲気)が様々な主人公をその世界の中に置く。

主人公のタイプ別足りないものリスト。
各タイプの主人に足りないものとそれを知らせるタイミングを記入。

【 足りないもの 】

	記入欄
1.	
2.	
3.	
4.	
5.	
6.	

【 タイミング 】

	記入欄
1.	
2.	
3.	
4.	
5.	
6.	

■ コーンマーケティングによるポジションの決定

1. 自社の現状のポジションをプロットする。
2. 将来的に目指しているポジションをプロットする。
3. 現状から将来を矢印で繋ぐ。

■ ブランドエレメントの設定

最低6個以上の言葉で、自社のブランドや商品を全く知らない人に説明し、理解してもらえるように表現する。それらの言葉の表現を一枚の写真やデザイン等で置き換えられるように考える。置き換えられた言葉は削除し、残った言葉がコピーライティングやテキストで必要な言葉となる。

【 それらを補う人物のヴィジュアルやキャラクターを記入 】

	記入欄
1.	
2.	
3.	
4.	
5.	
6.	

【 イメージを補うキャラ 】

■ デザインコンセプト設定

世界観のビジュアルイメージから世界観を表す言葉へ変換。
ここからデザインのキービジュアルを考え、デザインコンセプトに落とし込む。

【 世界観を表す言葉 】

【 デザインキービジュアル　デザインの基本となるもの 】

【デザインコンセプト　ブランドとして伝えたい大切なこと 】

世界観やキービジュアルなどと共有し、デザインの基となるイメージを書く。

変化が欲しくなった時
「今回のコンセプトは、○○です」はかなり危険なーワードです。

・何かを決定する場合は、必ず自社のアーキタイプと主人公の求めるアーキタイプから考える
・デザインに関連するものは、デザインコンセプトからデザインを起こす。
・ブランド責任者の設定する。(1名など少人数)
・全てのデザインや言葉を1人のブランドマネージャーの判断を通す。

【 ブランド管理者の設定 】

ブランドの世界観を崩さないように言葉やビジュアルを管理する人を設定する。中小企業の場合は、社長または役員クラスを選出。

ブランド管理者	

おわりに

ここまでユングが提唱した12のアーキタイプを、どのようにビジネスに活用するかを書いてきましたが、みなさまはここからがはじまりです。物語を考え、様々な主人公を招き入れ、楽しい体験を提供する監督であり、演出家としてすすめてください。知識を得ることが目的とならないように、本を閉じた瞬間から実行してください。

企業をはじめ、個別の商品やサービスのキャラクターを設定するために、世界ではアーキタイプが設定されています。しかし、日本ではほとんど使われていません。このあたりにも、日本の企業に明確な個性がない理由があるのかもしれません。ユングは、すべてのキャラクターには12のアーキタイプが多少でも入っているといいます。アーキタイプの1つで個性を表現することは同業他社と差別化することは難しいので、私は4つのアーキタイプを組み合わせるアーキタイプブランディングを考えました。これにより明確な個性をブレることなく表現することが可能となり、同業他社との差別化も容易になりました。自社のアーキタイプとお客様である多くの主人公のアーキタイプを設定することで、お客様から求められる企業や商品になることが可能です。

主人公はお客様、あなたの商品ではありません。自分の書いたシナリオにお客様が主人公として気持ちよく出演してもらうこと。その物語の中で、あなたの商品やサービスを使っていただくことを想像してください。きっと本当の「顧客ファースト」が見えてくると思います。自社のことから考えるのではなく、お客様のニーズの奥にある本当の欲求を意識し、主人公はお客様であることを忘れないように、いつもこの本のタイトル「主人公を間違えるな」を思いだしてください。

最後に、本書作成にブレインワークスの近藤昇社長、高橋大夢さん、エクセルライティングの戸田美紀さんには大変お世話になりました。ありがとうございました。

本書を読まれたみなさまがお客様に愛される企業となり、お客様にとって素晴らしい商品やサービスを提供できるお手伝いができることを願っております。

2024年春　宮野隆聖

カナリアコミュニケーションズの書籍のご案内

一流ビジネスパーソンへの登竜門

バカモン!

近藤 昇　著

時代は叱らなくなった。会社というものが人を育てなくなったのだ。逆境を知らないから、いざという時役に立たない。ガラス細工のような接し方で、人間が育つわけがないのだ——。

叱られ、恥をかき、それでも努力し、必死の思いでひとつひとつ乗り越えてゆく。著者の愛情を込めた「バカモン!」と共に贈る。

2007 年 3 月
定価　1200 円 (税抜)
ISBN　978-4-7782-0040-4

◇◇◇

続・仕事は自分で創れ!

近藤 昇　著

コロナ禍の真っ只中、ブログを書き続けた著者が問いかける人生論と仕事論の集大成。

描き続けてくることで見えてきた生きることの真理とは?

不安定な時代を生き抜くヒントがここにある!

2021 年 1 月 15 日
定価　1300 円 (税抜)
ISBN　978-4-7782-0471-6

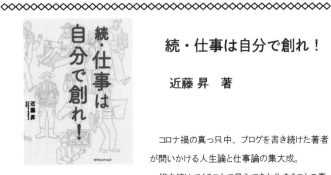

カナリアコミュニケーションズの書籍のご案内

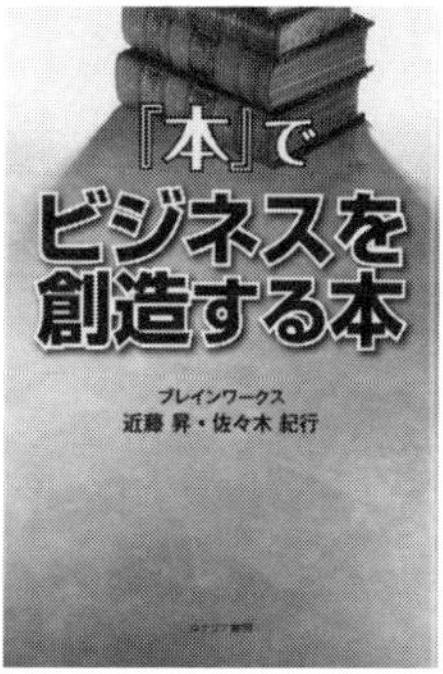

2012 年 2 月 10 日
定価　1400 円 (税抜)
ISBN　978-4-7782-0214-9

『本』でビジネスを創造する本

近藤 昇 / 佐々木 紀行　著

本は何度でもおいしいツール。本を使ってビジネスを創り出すノウハウを伝授！

出版不況と言われる今、なぜ書籍がビジネスにつながるのか。著者として、出版社として、さまざまな角度から出版業界に接する著者が経験を基に、出版の現状と魅力を伝えます。

◇◇

2022 年 6 月 30 日
定価　1300 円 (税抜)
ISBN　978-4-7782-0498-3

真・情報化時代の幕開け
～情報感度を磨き DX 社会に適応する～

近藤 昇　著

情報が溢れる時代、いかに情報を賢く利活用すればよいのか？

現代社会は仕事においても、プライベートにおいても膨大な情報が私たちに押し寄せてくる。

この情報化社会といかに向き合い、付き合っていけばよいのだろうか？

長年、IT業界に身を置く著者が送る珠玉のヒントが満載。現代社会を生き抜く方々に捧げるバイブル !!

カナリアコミュニケーションズの書籍のご案内

田舎ビジネス『イナビジ』のススメ

林 直樹　著

2024 年 5 月 10 日

定価　1300 円（税抜）

ISBN　978-4-7782-0523-2

これからは田舎ビジネス『イナビジ』の時代！

本書は鳥取県で起業し、Iターン、Uターンで移住する方々を支援する著者が田舎のメリット、デメリットを詳らかに解説。

そして、実際に起業された方々を紹介しながら、これからの時代の暮らしと働き方を見つめ直す1冊です。地方移住を漠然と検討している方、不安を感じている方は必読です！！

◇◇

逆風の向こうに
～ある起業家が紡いだ奇跡の物語～

新賀 太蔵　著

2023 年 4 月 15 日

定価　1500 円（税抜）

ISBN　978-4-7782-0512-5

起業とはなにか？　幸せとはなにか？

独立後に待ち受ける幹部の裏切り、資金難…そして社員の背信…。数々の困難を乗り越えた先には本当に大切な『何か』が見つかる。

逆風を乗り越え、会社と社員の幸せを追い求めたある起業家の物語。

これから起業を考える若い世代にぜひ読んでもらいたい1冊です！

宮野 隆聖

1998年より会社経営を始め、2003年には自動車売買のフランチャイズ本部を設立。ブランドコンセプトの立案とロゴ開発、イメージデザインをはじめ、ブランドマーケティングの成功により３年で年商220億円を超える企業へと成長させた。経営のトータルサポートを行う為、2006年には財務、経営のコンサルタントとプログラマー、デザイナー等を集めた強力なエキスパート集団であるプロペックス株式会社（現在のロイ・マーケティングデザイン株式会社）を設立。デザインとマーケティングにより企業をサポート。今迄千件を越える経営コンサルティングやブランディングを行っている。

独自の「コーン・マーケティング」と「アーキタイプ４ブランディング」により飲食業、製造業、小売業、サービス業など業種に関わらず、企業の業績向上、商品やサービスの売上を数倍から数十倍にしている。中には、中小企業のネット専売で一種の売上10億を超える商品もある。ブランドコンセプトを言葉とデザインでわかりやすく表現することが得意な異色のブランド・プロデューサーである。

書き込み式

ユングの提案

主人公を間違えるな

買いたいを創る

-12のアーキタイプ分析-

発行日：2024年7月10日（初版発行）

著者：宮野 隆聖

発行所：株式会社カナリアコミュニケーションズ

〒141-0031　東京都品川区西五反田 1-17-1

TEL：03-5436-9701　FAX：03-4332-2342

http://www.canaria-book.com/

装丁：ロイ・マーケティングデザイン株式会社

印刷所：株式会社昇寿堂

ISBN978-4-7782-0525-6 C0034